二〇一一年在郵輪上

特約編輯　王　飆
責任編輯　張艷玲
書籍設計　吳冠曼

書　　名　我的拚搏史（劉再復自傳之五）
著　　者　劉再復
出　　版　三聯書店（香港）有限公司
　　　　　香港北角英皇道四九九號北角工業大廈二十樓
　　　　　Joint Publishing (H.K.) Co., Ltd.
　　　　　20/F., North Point Industrial Building,
　　　　　499 King's Road, North Point, Hong Kong
香港發行　香港聯合書刊物流有限公司
　　　　　香港新界荃灣德士古道二二〇至二四八號十六樓
印　　刷　美雅印刷製本有限公司
　　　　　香港九龍觀塘榮業街六號四樓A室
版　　次　二〇二二年三月香港第一版第一次印刷
規　　格　三十二開（130 × 185 mm）三九二面
國際書號　ISBN 978-962-04-4622-1

我的拚搏史

劉再復自傳之五

劉再復

二〇一七年在香港科技大學與閻連科對話

二〇一五年在香港科技大學

在香港科技大學人文學部開會

二〇一九年在香港科技大學與白先勇對話《紅樓夢》

目錄

自序

《我的科學史》自序

二〇一九年在香港科技大學

柳鳴九先生主編「當代思想者自述叢書」，邀約我加入。答應之後，我才發現「自述」的條件並不成熟。因為通常「自述史」，總是迴避不了「生平史」，尤其是生平史中的關鍵性事件，例如我就迴避不了一九八九年政治風波那個舉世皆知的事件。在那個大事件中，我經歷過回國（從美國回到中國）、參與（儘管是被動參與）、逃離（經香港又逃亡到美國）、漂泊（到過四十多個國家）、反思。這段經歷，涉及很具體的歷史場景、歷史人物和自身的許多感受，甚至涉及今天我對那個事件的理性評價。

本書構思中，曾叩問過「自傳」是按主題分野形式分別寫出，還是按傳統的寫法編年自敘更好。想了想，覺得各有長處，試試吧，反正寫作就是試驗，不妨再試驗一次。於是，我就把「自述史」分解為「拚搏史」、「思想史」、「心靈史」、「錯誤史」、「寫作史」等五種，統稱為「五史自傳」。先完成「寫作史」以還債。其他各史留待以後再說。

不管怎麼寫，還是寫作態度最為重要。好在早已確定寫作應以說真話為本，真話雖然並非就是真理，但它卻是通向真理的前提。以往「說真話」是做人常識，現在則需要有些勇氣；「正直」本來是人的常態，現在則需要修煉才能抵達。這是時代的進步還是退步？當然是退步。寫作時，才明白對政府說真話難，而對朋友說真話也很難，甚至對自己的學生和子弟說真話也難。最後，覺得對自己說真話也不容易。在大時代的潮流中，自己固然當過「弄潮兒」，但也當過「隨波逐流者」；既當過「時代的先鋒」，也當過「時代的尾巴」；既有「知識」，也很「無知」。因此，「自傳」除了應當面對「主體的飛揚」之外，還應當面對「主體的黑暗」。也就是說，自己要對自己說真話，就必須戰勝自己的面子、自己的幼稚、自己的虛榮、自己的性格弱點等，所以也不是容易的事。

這部自述史，雖寫於美國，但全靠身在中國的表弟葉鴻基先生為我錄下文稿。因此，除了要感謝香港三聯負責人侯明兄、特約編輯王飆先生、責任編輯張艷玲小姐之外（沒有他們的鼓勵和支持，此稿不可能單獨問世），還要感謝葉鴻基表弟。

二〇一六年秋天，香港清水灣

「山頂獨立，海底自行」

王德威

一九八九年初夏的北京，風起雲湧，一夕數驚。在極端倉皇的情形下，劉再復離開北京，取道廣州轉赴香港。在此之前，劉再復身任中國社會科學院文學研究所所長，是中國學界和文藝界舉足輕重的人物。他的《性格組合論》、《論文學的主體性》等論述廣受歡迎，儼然是八十年代文化熱的精神指標之一。

然而一九八九年之後，劉再復走上了一條始料未及的道路。去國離鄉，他成了來往世界各地的漂流者，最終落腳美國。以劉再復的背景經歷而言，他可以成為一呼百諾的流亡抗議分子，但相反地，他選擇從著述與思考中重新塑造自我。三十年歲月忽焉而過，當年廣場上的風雲兒女如今已過中年，回首來時之路，劉再復必然有太多不能自已的感懷。他援筆為文，寫下一部風格獨特的自傳——《五史自傳》。

《五史自傳》共五卷，分別題名為《我的寫作史》、《我的思想史》、《我的心靈史》、《我的拚搏史》、《我的錯誤史》。一般習見的自傳寫作講求起承轉合，一氣呵成。劉再復卻彷彿將同一段生命故事講述了五次，其中有重疊矛盾，有穿插互補，更有自我批判，作者的形象因此有了多元呈現——恰恰印證了他當年《性格組合論》的要義。

《五史自傳》選於二〇一九年出版，不僅標記劉再復去國三十年的心路歷程，也衍伸諸多歷史聯想。二〇一九是五四運動（1919）百年，也是中華人民共和國成立（1949）七十周年。前者樹立中國現代啟蒙與革命的典範，後者攸關社會主義的試驗與進程。兩者都為百年中國帶來太多可驚可嘆的反思。《五史自傳》面向大歷史的用意不言而喻。

回到一九八九年，《五史自傳》應該還有一層含義。近年劉再復沉潛《紅樓夢》研究，甚至譽之為現代文學聖經。驀然回首，他必曾感嘆當年自己生命的危機與轉折，何嘗不就像是個「後四十回」的公案？從七十年代末到八十年代末，他曾是引領時代風騷的「弄潮兒」。曾幾何時，脫黨抄家、喪國流亡，他這才開始領會繁華褪盡的滋味。從驚天動地到寂天寞地，他有了反省，有了懺悔，從而由「第一人生」轉向「第二人生」，開啟另一境界。

告別革命

劉再復抗戰中期生於福建南安農家，成長的歷程恰恰經歷中國天翻地覆的改變。在自傳中，他自謂生命中經過三次巨大喪失：童年喪父，文革喪書，一九八九年後喪國。這正與他作為倫理人、知識人、政治人的蛻變息息相關。他回憶七歲失去父親，全賴母親支撐家庭，環境的困窘激勵他力爭上游。他對文學的熱愛其來有自，中學時期「每天每夜都在圖書館，我保證管好圖書館！雜誌一本也不會丟！就在那個暑假，我讀完朱生豪翻譯的莎士比亞戲劇集……每一部都讓我癡迷，讓我沉醉，讓我發瘋。」廈門大學中文系畢業後，他加入北京

《新建設》雜誌編輯工作，從此展開他的文學事業。

從大歷史角度看，一個來自閩南的外省農家子憑一己之力北上進京，無疑是社會主義的啟蒙之旅。但北京將帶給他刻骨銘心的試煉。文化大革命爆發，劉由興奮到迷惘，他參加批鬥單位領導大會，「老是想到魯迅的『示眾』的概念……心裡想不通，手卻跟着大家舉起來，舉上舉下，一天舉了數十次。那時，我第一次感到心與手的分裂。」他見證劉少奇等國家骨幹如何一夕之間淪為國家叛徒；當他在報欄上看到「每一個人的脖子上都掛着一條將被勒死的繩索」，「竟忍不住大哭起來，當街大哭」。當時人群中有一老者上前關切，事後才知道是史學大家范文瀾。

在虛無躁動的時代裏，劉發現最痛苦的考驗卻是喪書。當時所有涉及「名、洋、古、封、資、修」的書籍一律被禁。對劉再復而言，「沒有書，對我來說，就等於沒有水，沒有鹽，沒有生活。比『橫掃一切牛鬼蛇神』的社論對我的打擊還要沉重。」他陷入「無邊恐懼」。「生命變質了，懷疑產生了」：「把天底下人類公認的好作家、好詩人、好作品界定封建地主階級、資產階級的毒品，對嗎？這些我從少年時代就閱讀、就接受，既教我善良，也教我慈悲的書籍，都是大毒草嗎？」

文革之後，劉再復參與了新時期的國家建設。他一九七九年入黨，不僅成為周揚、胡喬木等新舊文藝巨頭的寫作幫手，更得到國家領導人如胡耀邦等的青睞。八〇年代的中國充滿希望，我們不難想像彼時的劉再復如何熱望盡一己之力，改變現狀，又是如何將自己推向風口浪尖。一九八五年末他出任中國社科院文學所所長，一躍而為國家文藝研究界龍頭之一。這是「文化熱」的時代，東西時新理論層出不窮，「尋根」、「先鋒」運動席捲文壇。劉自己也憑《論文學的主體性》、《性格組合論》等著述，吸引無數青年學子。

此時劉再復的思想已經開始產生變化。他叩問主體性與歷史的辯證是否只能簡化為公式教條，也見證文學與革命千絲萬縷的複雜關係。周揚晚年的落寞感傷，胡喬木私下的舊詩歌傳抄，胡繩表裏不一的政治決策，更讓他從左派內部理解，千帆過盡，「人」的問題最為難解，也最需要深入鑽研。他從而認為「改革」與傳統意義上的「革命」不同，甚至因此向胡耀邦直陳：「改革需要一種與之相應的良好的輿論環境和人文條件，最核心的問題，作為改革主體的人的『文化心態』。」

一九八六年，李澤厚教授推出《救亡與啟蒙的雙重變奏》，力陳五四運動的兩大訴求——「啟蒙」與「救亡」——並未嘗有平衡發展。奉「救亡」之名的「革命」以其峻急的使命感以及龐大的黨政資源，早已凌駕「啟蒙」。李澤厚於是號召重新思考兩者的關聯。此時劉再復的思想與李澤厚不謀而合；他們的論述引起巨大迴響，同時也招致保守派反撲。但更大的考驗是，潘朵拉的盒子一旦打開，後果其實無從預料。一九八九年的風潮儘管有多重原因，劉再復事後反思，也不得不承認自己同是歷史共業的一部分，而他付出的代價何其之大！六四之後，倉皇出逃，從此去國至今。

這一年劉再復四十八歲。他一九六三年進京，奮力拚搏二十六年，從一個編輯成為國家文藝研究的領導，一切得來不易。他躋身黨內文工政治，對理想和利害之間的衡量其實早有歷練，但也因為出身民間，他對種種奉革命之名的整風、清算、運動的攪擾有本能的警醒。他力求貢獻所能，卻不能無惑：這個國家號稱打倒封資修，但曾幾何時，「革命」卻彷彿像是「吃人的禮教」一樣，成為高壓、鬥爭、迫害的藉口？劉再復熱愛他的國家，卻被迫成「喪國」之人。我們不禁想到文革初自殺的「人民藝術家」老舍（1899—1966）名劇《茶館》裏的話：「我愛咱們的國呀，可是誰愛我呢？」

還要繼續革命麼？流亡海外，痛定思痛，這是劉再復的大哉問。儘管承諾崇高理想及原始激情，革命所訴求畢其功於一役的工具理性邏輯、道德優越感、政治「例外狀態」、群眾暴力，以及龐大民生耗費，其實難以作為治國方針。另一方面，海外異議分子呼群保義，誓言作長期對抗，儼然延續了他們原應質疑的革命動機。夾處其間，劉再復作出他的決定，那就是「告別革命」。

劉再復與李澤厚合著的《告別革命》推出以後，引來老左新左一片撻伐。的確，在一個以「革命」為聖寵的政權裏，「繼續革命」還猶有不及，何來「告別」之說？批判者或譴責劉李等人迎合西方普世價值，或嘲諷他們墮入「去政治化」的政治，或指證他們坐享海外精英位置，成為個人主義者。其中最強烈的聲音則將八十年代「文化熱」的風風雨雨一股腦轉嫁至他們身上，總結為五四啟蒙主義復辟。

面對左派學者——尤其是九十年代後崛起的新左們——的批判，劉再復可能要啞然失笑吧：他們是又一撥時代的「弄潮兒」了。文化大革命後，知識分子在滿目瘡痍中反省只此一家、別無分號的革命論，強調慎思明辨、與時俱進的理性之必要，原有其歷史語境。平心而論，「啟蒙」還是「救亡」的辯論無須有必然結果，而「革命」所富含的政治動能及烏托邦想像也難以輕易否定。劉再復和李澤厚是經過革命洗禮的一代知識分子，他們向革命「告別」，真正的力道在挑戰作為圖騰（或是禁忌）的革命，促使我們思考「革命」本身已被物化，成為政治或知識霸權的危機。而這樣危機意識前有來者，早在魯迅那篇有名的《小雜感》（1927）裏就很明白的批判：「革命，革革命，革革革命，革革……。」

上個世紀末以來中國市場經濟開放，引發眾多問題，有心者以鄉愁姿態召喚革命，其實無可厚非。但當他們將社會問題諉過於啟蒙，並上綱上線到西方資本主義的滲透，不啻是倒果為因。話說從頭，馬克思主義不也是西方資本社會的產品？更何況在和諧社會裏，下令維穩、「不准革命」的不是別人，正是國家機器自身。這豈不是最反諷的「告別革命」？

放逐諸神

劉再復「告別革命」以後，更要「放逐諸神」。這樣的宣言讓我們想起廿世紀初馬克思．韋伯（Max Weber）對現代性的定義，在於「除魅」（disenchantment）——擺脫神召天啟，重申理性和個人作為啟迪社會運作的元素。但韋伯不是樂觀主義者。他提醒我們，「那些被除魅以後的神鬼並不就此善罷甘休；他們不斷以非人的形象從墳墓中崛起，互相競逐，同時企圖主導人類生存。」

在廿世紀末的中國，劉再復要放逐的諸神其實沒有特定政教對象；「這諸神，是原來自己心目中的神物」，不論左翼或右翼，不論保守或前衛。他進一步指出應當放逐的神物有五種：放逐「革命」；放逐「國家」；放逐「概念」；放逐「自我」；放逐「二極思維」。但與其說劉再復以此否定一切，展露虛無主義，不如說他意在調動批判性的思考，質疑任何將主義、信仰教條化、偶像化——「神話化」——的作為。這樣的「神話」是馬克思所謂的物化，或盧卡奇所謂的異化。

經歷新中國前四十年的各項運動，劉再復理解革命摧枯拉朽的創造力，但也更理解革命所預設的烏托邦虛構和重複動員的強迫性。他熱愛中國，但卻不以絕對的國黨群體主義為然，因為其中犧牲太多個體的參差性。他曾經廁身文化陣營、參與概念的製造，驀然回首，卻驚覺「每一個概念，都是一種陷阱，一種鎖鏈。政治概念，如『階級鬥爭』、『基本路線』、『全面專政』、『繼續革命』等等，哪一個不是陷阱與鎖鏈？！」

尤其令人注意的是，劉再復要放逐的神物包括「自我」和「二極思維」。他認為，共和國前三十年毫不利己、泯除自我的目標固不足取，但新時期重塑主體性的過程裏，過分強調「自我」就像當年過分強調「無我」一樣，仍然不脫一元論的「我」執。以此類推，非黑即白、你死我活的法則極度簡單化歷史經驗，導致「二極思維」。他之所以提出主體的「多重組合」，以及「主體間性」的必然與必要，顯然有備而來。

但歸根結底，劉再復不是純粹的無神論者。他的論述中對「神」的超越層面值得進一步探討。論者已經指出劉再復與李澤厚定義「上帝」的方式有所不同。如果李對中國現世文化頻頻致意，以「樂感」和「情本體」為依歸，劉則寧願為另一世界的本體保留一席之地：「從科學上說，上帝並不存在……但也可以說上帝是存在的，因為你如果把上帝看成是一種心靈，一種情感，它就存在。」換句話說，相對於李的理性主義和啟蒙心態，劉對生命之內、或之外的未知——以及不可知——面向，常保好奇和警醒。他也許沒有特定崇拜對象和宗教信仰，但對生命盡頭廣袤無盡的深淵，以及潛藏其中的種種神性與魔性，不願掉以輕心。

這引領我們到劉再復去國之後一系列的拷問靈魂之作。他指出中國人安於現實，缺少對「罪」的深切認知，更乏「懺悔意識」，而在西方傳統裏，兩者都以超越的信仰為前提。劉再復的批判毋寧充滿吊詭：從延安時代以來的整風、清算、鬥爭，不從來以革命內部、外部的罪與罰為預設？「懲前毖後，治病救人」，共和國的政治充滿道德預設，而人前人後的懺悔交心早已經成為一套儀式化的規範。恰恰在這裏，劉再復反而看出社會主義主體性構造的不足。他所謂的罪，不指向道德法律的違逆或宗教信仰、意識形態的淪落，而更直逼人之為人、與生俱來的坎陷——一種以倫理出發及終結的本體論。這一認知帶有基督教原罪觀念影響，也與海德格到存在主義一脈對人被拋擲到世界裏、「向死而行」的宿命息息相關。但如他自稱，晚明王學的「致良知」論述才更具有深厚啟發。

社會主義的罪與罰一方面憑藉復仇邏輯，強調有冤報冤的清算鬥爭，一方面又嚮往脫胎換骨的新人邏輯，迎向「六億神州盡舜堯」的聖人世界。劉再復則念念不忘善與惡「俱分進化」的可能，「精神奴役」創傷的無所不在，甚至包括為虎作倀的「斯德哥爾摩症候群」共犯結構。罪與罰之外，他強調懺悔。但懺悔不是承認昨非今是，而是無限地自我質詰和辯論。「懺悔實質上是良知的自我審判。」「假如我設置一個地獄，那我將首先放進我自己。」《五史自傳》以《我的錯誤史》作為最後一部，良有以也。

而演練懺悔最驚心動魄的場域不在教堂或群眾大會，而在文學。杜思妥耶夫斯基《卡拉馬佐夫兄弟》「宗教審判長」情節、《紅樓夢》頑石懺情還淚架構，都是他心儀的例證。更進一步，懺悔必須以愛為之，亦即悲憫與有情：「主體以懺悔——自我譴責——的方式內在地表明自己對道德責任的承擔；後者是主體以愛——自我獻身——的方式承擔責任。懺悔和愛是良知活動同一件事情的兩面。」以此，劉再復完成他生命倫理的神性。

劉再復的懺悔和愛的宣言浪漫直觀，需要更進一步的理論支撐。但他預見這一論述必然招致批判，強調不願重蹈尼采超人說的覆轍，也要和魯迅式「一個都不寬恕」分道揚鑣。在他所謂的神性思維裏，懺悔所強調的自我坎陷，愛所承諾的超越等差，不再是一次到位的啟示，而是綿延無盡的反覆思辨、直下承擔的過程。倫理共同體是他的底線，敬畏成為關鍵詞。「我到海外便自覺地正視自我的弱點。我知道，人生了一雙眼睛，一隻用來觀世界，一隻則是用來觀『自我』。『自我』極為豐富、複雜，它具有善的無限可能性，也具有惡的無限可能性。」

共和國歷史雖然以無神論掛帥，但「諸神」何嘗須臾稍離？毛澤東時代的造神運動鋪天蓋地，畢竟未達到形上層面。反倒是上個世紀末，新左、新自由、新儒家、施特勞斯學派等此起彼落，竟為「諸神歸來」敞開大門。到了新時代，倡導恢復漢代公羊學派讖緯之學，作為當代天命聖王的理論基礎者有之；倡導底層階級求取生存的本能猶如革命幽靈、「向下超越」者亦有之。以「天下論」知名的趙汀陽先生甚至提出「中國」作為「政治神學」概念：「中國的精神信仰就是中國本身，或者說，中國就是中國人的精神信仰，以配天為存在原則的中國就是中國的神聖信念。」「政治神學」始作俑者施密特（Carl Schmitt）在中國魂兮歸來。據此，「通三統」、「王霸論」、「樞紐論」、「漩渦論」，風行一時，也就不足為奇了。

這些學者的苦心值得尊敬，但他們如此宏觀歷史、總結未來，顯然重演了林毓生先生所謂中國知識分子「藉思想文化」一次性解決所有問題的心態。比起來，劉再復強調返回個體、經由懺悔尋求愛與超越的方法，反而顯得「謹小慎微」。他的論述當然有不足之處，但他明白請神容易送神難的道理，也間接回應了韋伯上個世紀的警語：那些被除魅以後的神鬼還在企圖主導人類。而「放逐諸神」後，他更正視主體的有限和無限，超越的可能和不可能。在這一意義上，他近年將神性有無的問題轉接到他的「心」學，創造了「第三空間」。

文與心的空間

當代中國劇烈變化，表面的繁花似錦難以遮蔽萬馬齊喑的事實，更詭異的是，一言堂之下滋生神魔共舞的怪現狀。去國三十年，除了告別革命、放逐諸神外，劉再復理解另謀出路的必要：

> 毫無疑問，知識分子的思想獨立，必須仰仗自己的言論空間，這就是「第三空間」。在此空間中，必須擁有思想的獨立和主權，否則，自由便是一句空話。當然，這一覺醒也導致我昨日的流亡，今日的漂泊，明日的猜想。

當年陳寅恪悼王國維的名言「獨立之精神，自由之思想」，貫串字裏行間。他更提出追求精神獨立、思想自由，就必須打造「第三空間」。

劉再復曾自謂一九八九年被迫走上流亡之路，卻開啟了他的第二人生；是在第二人生中，他潛心琢磨，贏得了自由。他心目中的自由「並不是一個概念，一個命題，一種定義」。他甚至不認為自由便是西方哲學家所說的「自由意志」，也與當代自由主義大相徑庭。「自由乃是一種『覺悟』，乃是一種在嚴酷限制的條件下守持思想的獨立和思想的主權，並在種種現實的限制下，進行天馬行空似的精神價值創造。」正因為有此覺醒，他提出「第三空間」。

相對於祖國與海外所代表的第一和第二空間，「第三空間」看似虛無縹緲，卻是知識分子安身立命之處。這是「一生二，二生三，三生萬物」的空間。這空間所標榜的獨立、自由立刻讓我們聯想到康德哲學所刻劃的自主與自為的空間，一個「無目的性」與「合目的性」相互融洽的境界，一種澄明的理性自我的證成。過去二十年來，劉再復更轉向中國傳統汲取資源。他從老莊學習復歸於嬰兒、復歸於樸、復歸於無極的道理；從佛教禪宗得到隨起隨掃、不着痕跡的啟悟；也從儒家心性之學體會「吾心即宇宙」、「宇宙即吾心」的修養。

劉再復的批評者可以很快指出他的自由論述「唯心」已極，與左翼的唯物論背道而馳。他會回應，這又是「二極思維」作祟了。事實上，劉再復的心學之所以引人注目，不僅在於他重啟我們對中國現代「心」之譜系的省思，也為當代生命哲學研究提供了一個範例。「心」的復歸啟於清末，我們都記得譚嗣同嚮往「心力」；魯迅以恢復「白心」作為改造國民性的最終目的，而他的摩羅詩人以「攖人心」為創作圭臬。但到了一九二五年的《墓碣文》，「攖人心」的詩人已經成為「自抉其心」的屍人了。新儒家論述傳承宋明心性之學，故徐復觀有言「中國文化最基本的特性，可以說是心的文化」。左翼論述中劉少奇談共產黨員的修養，毛澤東談革命主體，儘管言必稱馬列，依然不脫孟子、陸王良知良能的痕跡；胡風論述「主觀戰鬥精神」的心學脈絡也早有方家論及。近年魯迅研究界重燃「竹內好」熱，而「竹內魯迅」的要義正是「回心」。

劉再復對心性與自由的嚮往有其具體歷史因緣。他當年推動主體論時，或更早協助周揚重提馬克思主義的異化論時，已經開始他對唯心或唯物二極劃分的質疑。他曾經向胡錦濤諫言：「我是社會主義公有制養育長大的，所以不可能反對經濟國有化；然而，我真的反對心靈國有化，交心運動，鬥私批修運動，都是心靈國有化的手段。心靈一旦國有化，那就是沒有個性，那就不可能有甚麼精神價值創造了。」去國之後他百無寄託，終於悟出：

一個人重要的不是身在哪裏，而是心在哪裏，也可以說，重要的不是身往哪裏走，而是心往哪裏走，或者說，心往哪個方向走。如果用立命這一概念來表述，那麼立命的根本點就在於「立心」。早期魯迅有一思想，說「立國」應先「立人」。借用這一語言邏輯，我們可以說，「立命」應先「立心」。我沒有「為天地立心」的妄念，但有「為自己立心」的自覺。

他結論：「因為有（立心的）覺醒，我才在第二人生中，真正贏得了自由。」

劉再復版的心學處處提到感悟和想像力的必要，而「立心」之道，在於文學。文與心的交匯是傳統中國文學論的重要話題。文學以其想像力和包容性創造第三空間，不僅投射生命宇宙種種面貌，更以其虛構形式擬想禁忌與不堪，理想與妄想。文學是彰顯與試探自由尺度的利器，也是自我修養和自我超越的法門。

劉再復要求自己告別《水滸》的凶心（告別革命），《三國》的機心和世故之心，轉而追求《西遊記》的不畏艱難、尋求自由之心，和《紅樓夢》的慈悲、悲憫之心。推而廣之，相對六經皆史的傳統，他提倡六經皆「文」——《山海經》、《道德經》、《南華經》（莊子）、《六祖壇經》、《金剛經》、「文學聖經」《紅樓夢》。

劉再復最為心儀的作家一為曹雪芹，一為高行健。前者居中國古典說部之冠，後者獲得當代諾貝爾文學獎榮耀。兩人各以畢生精力，營造龐大視野。《紅樓夢》極盡虛實幻化之能事，鋪展出一則頑石補天的神話，一則悲金悼玉的懺悔錄，總結繁華如夢，一切歸諸大荒。高行健的《靈山》則在歷史廢墟間尋尋覓覓，叩問超越之道；《一個人的聖經》更直面信仰陷落之後，人與歷史和解的可能。

劉再復指出兩位作家在極度艱難情況下展開創作，關懷的底線都是文學與悲憫、與自由的關係。劉再復不依循魯迅的「復仇」論和「無物之陣」，強調文學悲憫的能量。悲憫不是聽祥林嫂說故事，因為「苦難」太容易成為煽情奇觀；

悲憫也不必是替天行道，以致形成以暴易暴的詭圈。只有對生命的複雜性有了敬畏之心，文學的複雜性於焉展開。至於自由，用高行健的話來說，「真正的問題最後也還歸於個人的選擇……而對自由的選擇又首先來自是否覺悟到自由的必要，因此，對自由的認識先於選擇。從這個意義上說，自由乃是人的意識對存在的挑戰。」

自由與悲憫似乎是老生常談，但劉再復藉此發掘「立心」的激進層面：前者強調文學「依自不依他」；後者強調文學對「他者」無所不與的包容。兩者並列，其實是辯證關係的開始。理想的文學跨越簡單的人格、道德界線，典型論、現實論的公式就此瓦解。文學如此兼容並蓄，繁複糾纏，絕不化繁為簡，就是一種彰顯自由、表現悲憫的形式。

今天的中國或華語世界裏，我們很少看到如劉再復這般熾熱的文學捍衛者了。不論後現代還是後革命，他在束縛重重的語境裏定義自由向度，找尋第三空間，思考「文心」的有無。他的文字澎湃而有詩情，每每噴薄而出，如此天真直白，甚至超越年紀。然而從福建農村出發到漂流海外，從前世到今生，一個甲子過去，又哪能沒有感慨？

但劉再復常保真情，永遠以善念、以「白心」應物觀世。路漫漫兮，上下求索，他以「山頂獨立，海底自行」自勉——「也就是高高山頂立，深深海底行。不斷給自己發佈獨立宣言，這也算是我個人的思想秘密。」

誠哉斯言。《五史自傳》是一位當代中國文學家的自剖，更是一位世界公民的反思。神游萬里，寓目寸心，文學的魅力無他，正如劉再復寫下的詩行：

江河流向大海，大海流向哪裏？大海流向漂泊者的眼睛。

（此序原擬收錄於劉再復自傳合訂本《五史自傳》，現輯於此，以饗讀者。）

第一章

「人生即拚搏」感言

二〇一七年在自己家中

兩年前，我發表了散文詩《三讀滄海》（《泉州晚報》二〇一五年五月二十五日），其中有一句話：「到地球來一回如同到地獄來一回。」這並非聳聽的危言。《紅樓夢》中林黛玉的《葬花辭》就說：「一年三百六十日，風刀霜劍嚴相逼。」我的話並不是抹黑地球，而是想說，人生確有許多苦難，唯有拚搏，方能走出「地獄」。

我的人生，坎坷曲折，但其行為，可用「拚搏」二字加以概括。讀書是拚搏，寫作是拚搏，逃亡是拚搏；在中國是拚搏，在美國也是拚搏。此時已七十五歲的我，還在撰寫《五史自傳》，也是拚搏。行為之外，還有思想的飛揚，心靈的馳騁，這些飛揚與馳騁，又何嘗不是拚搏？

說到地球一回如同到地獄一回，還有一個原因，就是我的人生基本上處於逆境中。我的歷史，正是在逆境中拚搏的歷史。逆境，不是一帆風順，一路凱歌。逆境充滿風浪與黑暗，逆境中有一層又一層的艱難與險阻，一波接一波的折磨與打擊，這一切都酷似地獄。晚年的我喜歡佛教，大約是因為它道破了「苦海無邊」的人生真諦。但我又不願意成為教徒或居士，因為我認定，即使在苦海中也要拚搏。得救之路不是「回頭是岸」，而是游向前方。

七歲時，我父親去世。於是，人生便出現第一個巨大的逆境，即喪父的逆境。喪父讓我低人一頭。為了抬起頭來，我從兒童時代就展開了一番拚搏，直到少年時代乃至青年時代。這是上學讀書時代的拚搏。進入青年時代之後，喪父的陰影淡化了，卻又迎來了第二個巨大的逆境，這就是「喪書」的逆境。喪書即喪魂失魄，對我這樣一個讀書人來說，沒有書可讀，只許閱讀《毛澤東選集》，這之外的書籍，不許閱讀。這種禁錮和它導致的蒼白，如同晴空霹靂，對我的打擊之大，至今難以說清。文化大革命的風暴降臨之後，我尊敬的老師、學者、作家，瞬間變成「牛鬼蛇神」，人間變成「牛棚」。一切我所尊敬和崇拜的偶像，不僅變成零，而且變成負數。換言之，不是「人」，不是「零」，而是所謂「害人蟲」、「牛鬼蛇神」、「魑魅魍魎」，一切都變成「人」之下的魔怪。那個時代，我第一次產生「地球即地獄」的直感。

經過八十年代的「弄潮」之後，沒想到，我又經歷了一次大逃亡，被迫離開祖國，從而造成「喪國」的第三個逆境。此次逆境比前兩次逆境還可怕。但我最終還是穿越了這一逆境。完成這次穿越，不靠別的，靠的還是拚搏。出國之初，高行健兄告訴我：「在國內時我們就很努力，但在國外，則必須雙倍努力。」也就是說，在海外，需要加倍地努力拚搏。只要能拚搏，就能戰勝任何命運的打擊。鋼鐵是怎樣煉成的？我明白了，是拚搏煉成的。

穿越三個逆境，雖不是我人生的全部，但它們是我人生的主要內容。今天，回望這些逆境，如同回望地獄。冷靜地回望過去，覺得地獄也沒有什麼可怕。到地球來一回也沒有什麼遺憾，倒是得到一種可告知後人的人生經驗：唯有在逆境中，人的靈魂才能生長。地獄雖然黑暗，但它是心靈的搖籃；順境固然舒適，但它無法產生強者。俄國的東正教告訴我們，苦難是通向天堂的階梯。我不完全認同這種教義，但承認唯有熱烈擁抱苦難方能得救。此一理念使他們的教徒以苦為樂，以忍從為成功之途。我雖不能接受，但我相信，拚搏比忍從更實在，征服苦難比擁抱苦難更壯麗。我還是守持我的拚搏哲學，相信美好的一切，都是拚搏所造就。

然而，拚搏並非鬥爭，拚搏哲學也並非「你死我活」的鬥爭哲學。有朋友說，你喜歡魯迅，是不是也屬「精神界戰士」的角色？我回答說，我不算「精神界之戰士」，但可以說是「精神界之志士」。我的主要生活領域在精神界，也相信一切奇蹟都產生於精神之中。但我天生喜歡建構，不喜歡解構，換句話說，喜歡建設性的文化性格，不喜歡破壞性的文化性格。戰士總是「破字當頭」，志士則總是「以立為先」。燈火一點亮，黑暗自然就消失。點燃、建構、尋找真理，也是拚搏。我的家鄉閩南流行一首歌曲，叫作《愛拚才會贏》。這句歌詞後來變成了我家鄉父老兄弟的人生哲學。然而，我和鄉親們都知道，愛拚才會贏不等於「愛鬥才會贏」，從根本上說，是愛建設、愛創造才會贏。拚搏，雖然也包含某種「鬥爭」，但歸根結底，立足於建設與創造的拚搏，才是人間正道。

第二章

喪父的逆境與責任的醒覺

父親劉博淵（一九一二年至一九四八年十月），母親葉錦芳（一九二〇年至二〇〇七年四月）

我出生於一九四一年農曆九月七日，倘若使用新曆，應當是一九四一年十月二十六日。為了方便起見，我在履歷表上填寫出生日期，一律使用九月七日。

我的出生地點，是父親的故園，即福建省南安縣劉林鄉亭頭村（後改為高山村）。母親告訴我，她分娩的前夕，外祖父葉清琪把她接到泉州市，因此我是在泉州的一家醫院出生的。但孕育和養育我的地方還是父親的家鄉劉林。毫無疑問，我的籍貫，我的原始家園，是那個名叫「南安劉林」的鄉村。

我的父親劉博淵，是我的第二祖母所生。我還有個第一祖母，但從未見過。我的祖母（第二祖母）是南安縣詩山社壇鄉葉姓女子，極其聰明，在我少小時候，她就給我講述《聊齋志異》中的鬼狐故事。我父親也極聰明，自己認字讀書，最後達到高中文化水平。一九三四年十一月，蔡廷鍇、蔣光鼎、陳銘樞、李濟深等領導國民革命軍第十九路軍在福建發動兵變，父親立即投奔。次年兵變失敗後，父親逃往馬來西亞，並結識了陳嘉庚。由於他才華過人，得到陳嘉庚的賞識。一九三七年日本帝國主義悍然發動盧溝橋事變，抗日戰爭隨即全面爆發，父親也從馬來西亞返回泉州。因為陳嘉庚的關係，時為泉州華僑領袖的外祖父認識了我父親，並欣賞他的才華，把剛剛從泉州培英初中畢業的大女兒葉錦芳（我的母親）嫁給了他。一九三八年我母親十七歲，我父親二十六歲。過了三年，即一九四一年，我出生了。可惜一九四八年父親三十六歲時因犯盲腸炎不治而亡於廈門，留下三個孩子，我和兩個弟弟，最小的弟弟劉賢賢出生才兩個月。我那時還小（僅七歲），所以對父親的生平毫無所知，後來查訪幾位老鄉，並考證了有關父親的實物，才了解了他的生平往事，也才知道，他生前加入過張君勱的民社黨，一九四四年擔任過碼頭鎮鎮長，臨終那一年和之前的一年（一九四七至一九四八），他一邊擔任廈門《江聲報》記者，一邊又和友人創辦「南島客棧」（即旅行社）。一九四八年，民社黨支持國民黨召開國大，父親還當了一名省級參議員。

一九四八年十月，父親去世。這對於我們家來說，是特大事件，也是我命運的第一個大轉折。父親去世時，年僅二十七歲的母親開始守寡，她實在沒有能力單獨撫養三個孩子，便從廈門市搬回南安縣的鄉村老家。在貧窮的家鄉，堅強的母親學會了耕田種地，我看到過她挑糞插秧。我能幫她忙的，就是傍晚採集一堆小樹枝，用來熏走蚊子。家鄉的蚊子多到可以用手抓一把。

在父親去世的那一瞬間，我突然感到自己成熟了，也突然感到肩上多了一份責任：我必須幫助母親照顧兩個幼小的弟弟。也就是說，喪父的那一刻，我突然嚴肅起來，感到自己的靈魂生長了，身心生長了。我意識到，自己從此將進入一個人生的逆境，即喪父的逆境。

第三章

喪父逆境中的拚搏圖強

一九九三年在香港淺水灣與母親及二弟劉尊獻（在右邊）、三弟劉賢賢（在左邊）合影

在封閉的家鄉，喪父是天大的事。從一九四八年到一九五〇年，我的小學還是掛着青天白日旗。這三年，學校規定，各班的第一名學生（成績最好的學生）可以免費入學。我知道家裏窮，為了媽媽，我一定要奪取第一名。因此，三年裏我都當了第一名學生。一九五〇年（一九四九年八月二十一日，南安縣城解放），我的家鄉解放了，學校裏的青天白日旗換成了五星紅旗。但國家的巨變，我沒有太多感覺，壓在心頭的陰影仍然是父親的死亡和家境的貧窮。沒有父親的孩子，不知道五星紅旗意味着什麼，只知道無論在什麼旗下，無論在什麼校園裏，我都要為母親爭氣。

在喪父的逆境中，我產生了一種難以解釋的巨大力量，在小學裏創造了三項紀錄。

第一項，是六年裏每天第一個到校的紀錄。從一年級開始，一直到六年級，我每天都是第一個敲開學校的大門，即第一個到校。母親每天很早就起床，很早就做好飯，我吃了飯就啟程。坐落於高蓋山腳下的我家，距離學校（高山小學）將近五公里遠，中間還要穿越一間「鬼屋」，涉過兩條小溪。我在天濛濛亮時，就獨自一人，穿過屋後的榕樹群，然後走上鄉間小路。小心翼翼地涉過小溪時，常常看到飄浮在水面的蛇皮，有時達到一丈長。不過，經常看到就不怕了。涉過第二條小溪之後，再走一里路就可以到校，可是路邊有一位瘋叔叔，常常舞着彩旗和木頭劍戟，我經過他門口總是倉皇跑過。瘋叔叔挺善良，從不追趕孩子。

我每天早晨第一個到校，時間很準。我的幾位住校老師後來乾脆以我為鐘錶，我一踏進校門，他們就起床，刷牙洗臉，吃早飯，然後上課。到了五、六年級，我一到校，就聽見一聲：再復到了，起床吧！

父親死亡的巨大打擊，還激發我在小學時期創造了第二項紀錄，那就是從三年級開始，囊括學校的全部模範稱號與獎狀。解放初期的那種獎狀是三尺長、一尺寬的彩色橫幅，上邊寫着「學習模範」、「工作模範」、「紀律模範」、「勞動模範」、「團結模範」、「愛護公共財物模範」。六張獎狀全部頒發給我。頒發時，我的臉漲紅，心臟撲撲直跳，但還是傾聽着校長的講話。校長說：「劉再復是個好孩子，全面發展的好孩子，我們所有的同學都要向他看齊，向他學習！」

拿到獎狀之後，我總是急於回家，想讓媽媽也為我高興。媽媽總是特別高興，把獎狀攤開，一張一張仔細觀賞。有次她還說了一句話：這麼多獎狀，家裏都沒地方掛了。

囊括全部獎狀之後兩年，我又創造了小學時期的第三項紀錄，成了全校「捕鼠英雄」，給學校上交了七十八條老鼠尾巴。

中國第一次號召人民「除四害講衛生」（「四害」包括老鼠、蒼蠅、蚊子、麻雀）是一九五八年「大躍進」的產物。其實最早掀起「除四害講衛生」的高潮是在一九五二年，朝鮮戰爭期間為防止細菌戰，我的小學也展開了「除四害」捕鼠運動。如果捕到一隻老鼠，就把老鼠尾巴剪下來，用小紙頭包好，然後上交給班主任，以尾巴統計捕鼠數量。我把學校決定開展捕捉老鼠、最終產生「捕鼠英雄」的消息告訴媽媽後，她立即到碼頭鎮上買了一個老鼠夾。在貧窮的鄉村，買到一個老鼠夾，就像現在買到一門火箭炮，幾乎轟動了鄉村的每個角落。我們家的穀倉裏老鼠有的是，都快鬧翻天了。媽媽知道「火箭炮」有用武之地，真痛快，果然，兩天後就夾住三隻老鼠。我把老鼠的尾巴剪下，用紙包好，立即上交學校。從那一天之後，我的捕鼠紀錄一直領先。學校張貼了一張「捕鼠成績表」，用箭頭表明數字。我的箭頭一直名列前茅，二十、三十、四十、五十、六十、七十，最後到達七十八，全校第一名！期末學校發給我一張獎狀，上面寫着「捕鼠英雄」四個字。

可是，在此次英雄路上，我卻經歷了人生中的第一次委屈。那是我已上交六十隻老鼠尾巴之後，學校在集會上已表揚我兩次了。有一天中午，賣糖果糕點的阿熊叔叔又挑着擔子到我們學校叫賣，我和同學們照例去圍觀。阿熊見到我時，打開擔子的小蓋，拿出用紙包着的兩條老鼠尾巴塞給我，還輕輕地說了一句：「早上我路過你家門口，你媽讓我把這個交給你。」我很高興，媽媽又捕到老鼠了，她性急，就讓阿熊帶來。可是，這之後兩天，學校捕鼠辦公室的一位老師找我去，對我說：有同學揭發，你的老鼠尾巴是買來的，他親眼看到賣貨郎把老鼠尾巴交給你。我聽了之後，立即哭了起來，然後向老師解釋是怎麼回事。那位女老師說，我們再調查一下。這一天回家，我對媽媽大吵大鬧了好一陣，怪她太性急，不該把老鼠尾巴交給別人。媽媽知道別人的誤會和我的委屈，像犯罪似地偷偷落淚。這件事在我心上投下了陰影。幸而，期末學校還是把「捕鼠英雄」的稱號授予了我。

父親死亡轉化成的動力，一直像父親的手臂，推着我走過讀書時代的每一段路程。

一九五三年，我進入成功中學。那是以民族英雄鄭成功的名字命名的中學，雖然只有初中部，但學校質樸，熱氣高。我在這個學校三年，享受每個月三元的助學金，正好用於伙食費（只管飯，不管菜）。每個星期，我都要步行幾十里路，回家換取一盒鹹蘿蔔乾。那時很想吃一碗麵（只要五分錢），但始終吃不上。晚餐的稀飯也很稀，我和其他同學一樣，必須喝兩大碗才能填飽肚子，因此，晚上在集體宿舍睡覺，半夜都得起來小便，但便桶不夠，尿水總是溢滿走廊。我在學校裏是表現最好的學生之一，入團前當了少先隊大隊長，手臂上掛着三條紅杠的臂章。一九五五年暑假，還作為成功中學少先隊隊員代表，參加了全縣舉辦的少先隊夏令營。縣級夏令營與解放軍聯歡時，我又代表紅領巾們講話。一九五六年我從成功中學初中畢業，竟免於考試被保送到國光中學上高中。那時我已是新民主主義青年團（後來改名「共青團」）的團員。

到了國光中學，我又創下四個紀錄。一是在剛入學不久，全校分高中部、初中部舉行徵文比賽，學校在每座教學樓前都掛着「徵文比賽投稿箱」，我投了一篇稿。過些日子，比賽揭曉，我聽到學校廣播站宣佈比賽結果，我居然得了高中部第一名。為此我高興了很久，並獲得一種信心：剛讀高一的我，文章可以比高年級的老大哥老大姐寫得更好。在語文課上，王禧民老師把我的獲獎文章當作範文進行了講評。儘管老師講評時我一直不好意思地低着頭，但寫作的信心又增強了一分。那時我已發現學校的圖書館是一座大礦山，擁有萬冊書籍和幾百份刊物的寶藏。於是，我的生命開始了一個飛躍時期，那是很少有人知道的、每一天都有文學積澱和人性積澱的奔跑時期（參見《我的心靈史》），創造了一個閱讀全部文學藏書（國光中學圖書館）的紀錄。這是第二項紀錄。

第三項紀錄是我從高一（十六歲）開始就當了少先隊輔導員，輔導初中部的少先隊員。每個星期六下午，我都會在隊日活動中給他們講故事。一般人只把紅領巾戴到十五歲，而我因為是輔導員，需要戴紅領巾，竟然戴到十八歲，即戴到高中畢業。高三時我和另一位同學（黃堅持同學，他考上清華大學）一起創造了俄文課程五十次筆試全是滿分（一百分）的紀錄。高中三年我的俄語課確實學得很好，所以高考時我的俄語分數也是那年廈門大學全校錄取生中最高的。那年我在廈門大學上俄語公共課時，被老師點名站立起來，他誇獎說，這次高考俄語考試成績你是第一名。

高考後我被錄取在廈門大學中文系。一九五九年八月我走進廈門大學時，沒有鞋子，只穿着木屐。我最關心的是有多少助學金。我知道甲級助學金是每月十四元。學校公佈了我的助學金，是乙級，每月十三元。老師告訴我：這已經很高了；你既免學費，又有十三元助學金，算是政府全包了。看到助學金布告時，我落淚了。我知道，媽媽已山窮水盡，所有首飾全變賣光了。如果不是靠免學費與發助學金，我考得再好也上不了大學。離家時，媽媽不能給我一分錢，倒是外婆給了我兩條雪白的褲子、一雙「萬里鞋」（最簡單的黑布面鞋子）和一雙木屐。我入學後整天穿着木屐，到了冬天，還是穿着它在校園裏走路。有一回被王亞南校長（《資本論》的譯者）發現，他問：「你怎麼冬天也穿木屐？」他不知道，我們這些窮學生是穿不起鞋子的。

進了中文系，再也不要讀那些我永遠聽不懂的物理、化學、數學了，這簡直是個「大解放」。什麼叫「如魚得水」？我這時才深刻明白祖先創造的這一成語的意思。沒有功課的壓力，十三元的助學金只要交十一元伙食費，還有兩元可作零用，買牙膏、牙刷、紙筆，夠用了。日子過得真好。我明白這一切都是共產黨給的。我是黨養育的學生，天然地感謝黨、熱愛黨。黨做的一切都對，我永遠不會懷疑。

大學四年，我和以往一樣，就是拚命讀書。父親的去世，讓我生長出一種責任感，還讓我長出一種拚命精神。進了大學我就告訴自己，「人生就是拚搏」，踏進大學之門，就是新一輪拚搏的開始。我與朋友談論人生時，總是說，父親的去世，造成我人生的第一個巨大的逆境，但逆境也讓我學會了拚搏。

在廈門大學四年，我拚搏了四年。一九六三年畢業的時候，王亞南校長親自授予我一張用毛筆字書寫的獎狀（不是印刷品）。獎狀全文如下：

獎狀

中文系漢語言文學專業學生劉再復自入學至畢業期間，不斷提高思想政治覺悟，注意鍛煉身體，學習一貫努力，成績優異。四年內全部課程考核及格，其中考試科目有五分之四為優等，被評為我校今年度優秀畢業生，特發給獎狀，以資鼓勵。

廈門大學校長 王亞南

一九六三年七月

全校二十多個系，只評出六個校級優秀畢業生，因此，獲得這張獎狀是很難的。可以說，這張獎狀是對我青少年時代的一個總結。我的青少年時代，以優秀畢業生畫上了圓滿的句號。我沒有辜負媽媽的期望，也沒有辜負父親的亡靈。

大學期間，我始終不忘「拚搏」二字。一九五九夏天到一九六三年夏天，正是國家和人民經受大飢餓的苦難時期。這個時期，如果沒有拚搏，我早就被飢餓擊倒了。

一九八四年我到日本訪問，在創價大學裏，一位記者問道：劉先生，我們日本人說所有成功的人物都要經受三種考驗，一是事業的考驗，二是愛情的考驗，三是飢餓的考驗。請問在您的人生中，哪一種考驗最為深刻？我不假思索就回答說：「飢餓體驗！」

六十年代初期，我的飢餓體驗太深刻、太難忘了。那時，學生每人每月供應二十八斤口糧，但必須撥出兩斤支援只有二十四斤口糧的老師。因此，每個月只有二十六斤糧食。這二十六斤糧食，也無法全部以大米供給，還要搭配山東等省支援福建的地瓜乾等粗糧。這些粗糧已不夠填飽肚子，偏偏菜又不足，每天只有空心菜，還沒有油，大鍋煮菜，只見菜杆不見菜葉，同學們稱之為「無縫鋼管」。天天吃「無縫鋼管」，撐不住了，上課時兩眼發花，聽不進老師講的話。因為肚子太餓，學校就請駐紮廈門前線的解放軍幫忙。部隊挺好的，他們用大卡車一車一車地運載白菜幫子（白菜心他們留下，幫子送給我們）到學校廣場，堆成一座一座小山。我們這些學生，個個拿着臉盆去裝白菜幫子，然後回到宿舍邊上，找兩塊磚頭，搭起臨時火灶，把裝滿白菜幫子的臉盆放在灶上面，然後點火燒煮。大約半小時，白菜幫子便熟了，即使半生不熟，我們也吃個精光。所以那時候全班同學的臉盆底部都是黑的（被火熏的）。這個辦法固然可以填飽肚子，但是不健康。長期的「瓜菜代」使同學們個個犯了水腫病。學校也關心同學們的身體，派醫生來檢查水腫病情況。學生排了長隊讓醫生檢查。醫生用手指在我們的手臂上用力按下，倘若肌肉能彈上來，就不算水腫病，結果幾乎沒有一個能夠彈上來。我當時已瘦得皮包骨，醫生在我的手臂上幾乎找不到肉，那位和藹的女醫生看了我一眼說：你用不着按了，反正沒有肉，按下去也彈不上來，我記下你的名字，願你能分配到一罐伊拉克蜜棗。我連忙說謝謝。真想不到，天上真掉下一罐蜜棗給我。老天爺太愛我，太照顧我了，謝謝你，老天爺！後來才知道，國家進口了一批伊拉克蜜棗，分配一部分給學校，數量有限，十個同學才能分到一罐。我算是水腫病嚴重、被特殊照顧的學生。當然這罐蜜棗也不是白給的，要花九角錢來購買。我哪有這九角錢？於是，我把那些本應買日用品的錢都墊上了，反正刷牙不用牙膏也可以過日子。除了飢餓的襲擊之外，還有一種新的敵人乘虛而入，這便是臭蟲。一九六二年前後，臭蟲猖狂極了，不僅爬到我們的床上，鑽入蚊帳，還爬上課桌。我本來已經皮包骨，再加上臭蟲的吸血，就瘦得更不像樣了，畢業體檢時體重僅有八十六斤。如果除了衣服，淨重大約只有八十五斤吧。

儘管飢餓，我們還是照樣上課，照樣唱歌，照樣鬥志昂揚地進行各種政治活動。那時我當團支部書記，星期三下午是團日活動，我照例要慷慨陳詞一番，內容幾乎千篇一律：我們的國家正在經歷空前的困難，我們要跟黨和人民一起承受困難，不怕苦，不怕餓，不怕水腫病；困難不是我們黨造成的，是蘇聯造成的，他們把支援我們的專家撤走了。有位朋友私下跟我說，蘇聯人走了，我們不是可以省下一些口糧嗎？怎麼我們還是這麼窮、這麼餓？一九六一年，校園裏曾經傳播一則故事，說副總理（管農業）鄧子恢到我們的閩西老革命根據地，那裏的老貧下中農全都跪了下來，說大家活不下去了，您要給毛主席彙報啊。我在團日裏針對這一傳說講了一番話：大家不要聽信社會上的謠言，要相信困難是暫時的，光明就在前頭。

第四章

北京孤兒的「喪書」恐懼

二〇〇八年春天在美國馬里蘭州長女劍梅家與外孫女黃宗玉合影

從廈門到北京後，我突然感到，在龐大的都城裏「舉目無親」——沒有老師，沒有同學，沒有友人與親人，而最要命的是沒有書，這真是我萬萬沒想到的事。我被分配在建國門內五號哲學社會科學部的八號樓（單身漢宿舍樓）的一間宿舍裏。院裏沒有圖書館，《新建設》編輯部有個小閱覽室，其空間面積，大約只有我的母校國光中學圖書館的百分之一。

《新建設》編輯部分為哲學組、歷史組、經濟組、文學組，我被分配到文學組，房裏只有四個人。開始上班，桌頭放了有一尺來高的稿件：全是論文，每篇論文上邊夾着一份審閱表格，要我寫出可用與不可用及其理由。面對稿件，我想：剛從大學畢業，就給這些學術論文做「判官」，可是卻沒有人告訴我如何判斷。好容易盼到編輯部開會了，總編輯吉偉青從中宣部過來，他講完話之後副總編劉亞克、梅關樺接着講。他們所講的每一句話，都是政治，包括政治形勢與政治動向。每次開會，都是在交流「階級鬥爭動向」。與我同時進入編輯部的幾位應屆畢業生，有的是黨員，有的是正在積極爭取入黨的「革命青年」，並不是人文科學的追求者。我突然覺得自己來到了沙漠之中，牢獄之中。在八號樓的宿舍裏，我思念母親，思念同學，思念高中時代的圖書館，思念大學時代的課室。

如果當時有書，有詩集與小說讓我讀，我就會排除恐懼。可是，除了編輯部裏那些裝訂成冊的雜誌之外，看不到別的書本。我完全沒有想到，到了一個書生成堆的高級研究院，第一感覺竟是無書可讀。我意識到，編輯部不是研究所，如果分配到研究所就好了。所以一到《新建設》編輯部，我的內心願望就是想方設法到研究所去。

在編輯部裏僅僅呆了三個月，就得到院部通知：應屆大學畢業生通通到山東黃縣北馬公社勞動實習一年。從一九六三年十一月初至一九六四年十一月初，我就到山東去勞動了。哲學社會科學部各所各單位的畢業生共八十九人，由趙宗儒、畢求自率領出發。在山東的勞動實習中，我學會了吃大葱、吃窩頭、推小車。開始時，連空小車都不知道怎麼推，實習結束時，可推四百斤重的公糧，從大隊部推到公社所在地。在一年的勞動修煉中，我的體重從八十六斤增至一百二十斤。回到北京後，菲亞來探親，見到我時就說：到山東一年，你變得高大了。這就是收穫，可是她不知道，在山東一年，根本沒有書讀。要是有書，「勞動實習」課可能就會不及格。

從廈門到北京，從北京到山東，一九六四年冬又返回北京，整整一年半，什麼書也沒讀。在一九六四與一九六五年間，我又當了半年編輯，到了一九六五年夏天，又接到通知，讓我做好準備，到江西參加「四清」（開始是「清工分，清賬目，清倉庫，清財物」，後期變為「清思想，清政治，清組織，清經濟」），即社會主義教育運動。從一九六三年秋天開始，到一九六六年六月初，將近三年，我竟然過着不讀書、不研究、不寫作的荒蕪日子。這是我人生中的「喪書」歲月。之後，進入文化大革命，郭沫若宣佈要燒掉他所著的全部書籍，所有的著書人都成了「反動學術權威」。哲學社會科學部的所有圖書館只許借閱毛澤東、馬克思、恩格斯、列寧、斯大林、魯迅的書，其他書籍全部封存。此時，我在心中產生了大恐懼。

沒有書，對我來說，就等於沒有水，沒有鹽，沒有生活。從文革一開始，我就進入了恐懼。這種恐懼感，除了每天都看到自己原來的偶像變成「黑幫」之外，便是再也無書可讀了。「文革」開始後不久，又聽到新的禁令，涉及「名、洋、古、封、資、修」的書籍一律不許看。像莎士比亞、托爾斯泰，至少涉及「洋」、「名」、「古」、「資」四個字。這種禁令，比「橫掃一切牛鬼蛇神」的社論對我的打擊還要沉重。「橫掃」的高調只涉及那些老革命家與老知識分子，而這六個字，則活生生地剝奪我的書籍，剝奪我的生活之源和歡樂之源。

在書本被剝奪的時期，我的生命變質了，懷疑產生了。這是我第一次生命變質，第一次叩問：把天底下人類公認的好作家、好詩人、好作品界定為封建地主階級、資產階級的毒品，對嗎？這些我從少年時代就閱讀、就接受，既教我善良、也教我慈悲的書籍，都是大毒草嗎？

文化大革命把我的心靈逼到無路可走、無法生存的地步，逼到只能反抗、只能懷疑的死角。剛到北京，我意識到自己是都市孤兒，舉目無親。這回再次感到「舉目無親」，是痛切地感到內在心靈再次沒有「親人」了。原先的「親人」，從屈原到蘇東坡，從荷馬到歌德，都變成「敵人」了。文化大革命把他們的「命」革掉了，把我的「命」也革掉了。我實在受不了。

第五章

「喪書」逆境中的苦悶與掙扎

二〇一四年在香港公園與高行健及西零（行健夫人），妻子陳菲亞（最右邊）和長女劍梅及外孫黃宗源、外孫女黃宗玉合影

如果說，喪父是我人生的第一逆境，那麼從一九六六年開始的「無產階級文化大革命」則是我人生的第二逆境。此次逆境，剝奪了我的一切獨立思考，逼迫我把思維交給「最高領袖」。那時說：領袖的話句句是真理，一句頂一萬句。這就是說，真理已經有了，就在手中的這本小「語錄」紅書上，不必再去尋找了。領袖的話一句頂一萬句，我們這些平民百姓、潦倒書生的話，則一萬句頂不了一句。於是不必說了，不必思考了。心死了，靈魂死了。

都說文化大革命是「靈魂深處鬧革命」，而我在文化大革命中只會向「最高指示」討生活，討指針，那是「靈魂深處大崩潰」。我意識到，這是國家靈魂的黑暗期，也是我靈魂的黑暗期。我「喪魂」了。我正在經歷「失魂喪魄」的逆境。

我朦朧地感到，從文化大革命的那一天起，我就得了遺忘症。此症的兩個特徵在我身上都很明顯，一是「忘我」，二是「忘本」。「忘我」，不是「奮不顧身」，而是沒有自己；「忘本」，不是遺忘自己的來歷，而是喪失「本真的角色」。「自我」是個極為複雜的概念。出國之後，最大的變化是兩隻眼睛，一隻觀世界，另一隻觀自我。自我即主體，主體擁有光明，但也具有黑暗。它既有善的無限可能性，也有惡的無限可能性。薩特說，「他人是自我的地獄」，我的朋友高行健發現，「自我是自我的地獄」。在劇本《逃亡》中，他指出：從政治陰影下逃亡比較容易，但要從自我的地獄中逃離則很難。我特別喜歡也特別相信，這才是自我的真理，因此，開口向行健求索這部戲劇的手稿，他果真把完整的手稿送給我了。上帝是公平的，他得到了諾貝爾文學獎，我得到了《逃亡》的手稿。二者一樣寶貴。我對「自我」一直擁有清醒的認知，用不着他人的責罵與批判。二十八年前，當我看到邢賁思先生和六十多名參加山東濟南會議的學人用三天三夜的時間批判「主體論」（也包括自我論）的時候，我只想說：

探討理論問題的第一條件是必須注意「語境」，即歷史場合，當中國普遍出現「吾喪我」（莊子語）的時候，就必須強調一下「自我」，讓自己成為自己。而當「自我」確立之後，則必須正視「自我」的黑暗，也就是主體的黑暗。然而，我才剛講了上半篇，你們就大嚷大叫，不給我一個完整表述的機會。我覺得「文學主體性」批判者的思維方式還是文化大革命思維方式的繼續，即集體主義獨斷論的繼續，所以一提「自我」就緊張。

在那麼長的歲月裏，中國人集體地丟失了「自我」，所以，先肯定一下自我的權利，正是賦予自我以靈魂的前提。批判者讓我看到，他們的文章沒有自己的語言，也沒有任何「靈魂主權」的意識，更讓我感到在八十年代中期講講「自我歸位」很有必要。

「喪魂」除了「喪我」之外，便是「喪本」。每個作家都天然具有兩種角色：世俗角色與本真角色。喪魂不是喪失世俗角色，而是喪失本真角色。作家處於世俗社會中，當然需要遵循世俗原則。作家要生活，要吃飯，要睡覺，要性交，要參與黨派活動、社團活動，當然就得尊重自然性、生物性、黨性等等，但作家一旦進入文學藝術活動，則必須尊重文學性、藝術性，也就是人性、個性、慈悲性等等。我把這種現象稱作超越性現象，即從現實主體提升為藝術主體的現象。有此超越，作家才能走出概念、模式化的平庸，中國文學也才有光明的出路。

如果說「喪父」造成了我的第一個人生逆境，那麼，「喪書」——文化大革命不許讀書，則造成我的第二個人生逆境。

也許是天性，也許是後天的困境所逼，我從小就嗜書如命，同學們稱我為書痴、書蟲、書迷等，都對。書就是我的生命，離開書本就像離開空氣，沒法活。

一九六六年開始的文化大革命，對我最大的打擊是圖書館封閉了。在批判「名、洋、古、封、資、修」六個字的總口號下，所有的書籍都逃不出恢恢之網。那一時刻，我突然感到生命的蒼白、無助，不知所措。

魯迅在《祝福》裏讓祥林嫂問：人有沒有靈魂？其實，這是魯迅自己的問題，不是祥林嫂的問題。她哪有如此水平提出如此的問題呢？我也經常叩問：人有沒有靈魂？西方學者容易回答：有，靈魂在上帝那裏。但在中國，人的靈魂在哪裏呢？應當是在人的悲喜歌哭裏。沒有人的身體，哪來人的靈魂？沒有身體的健康，哪有什麼悲喜歌哭？對於我，我一直覺得靈魂就是書本，靈魂就在書本裏。剝奪書籍，就是剝奪我的靈魂。我一天沒有看到書籍或文字，就心慌，就迷茫，就瘋瘋癲癲。我知道自己的「病」。「病」乃是一種變相的愛。這是托馬斯·曼在書裏說過的話。我的「病」乃是對書本的愛。因此，當我無法看書的時候，我傻了，呆了，不知道日子怎麼過。

很少人能明白我當時遭到怎樣的打擊。幸而我很快就發現街頭在賣小報，有《新北大》，有《清華戰報》、《對瞿戰報》，於是，我寧願早餐少吃一根油條，也要省下錢買小報。幾年裏，我從頭到尾地購買了《新北大》和《清華戰報》。買了之後就讀，一版一版地閱讀。一九七六年十月，「四人幫」垮台，我把自己買的小報裝訂成冊，竟然有八大本，也就是八種紅衛兵小報，從第一期到最後一期，非常完整。誰能想到，正是這些小報幫助我度過青年時代最艱難最荒唐的十年歲月。小報裏充滿謊話、大話、絕話，充滿攻擊、誹謗、詆毀、造謠、中傷。可是這一切都比沒有書看好一些。我的排毒能力和堅韌的神經是在文化大革命中練出來的，也可以說是在看大字報與看小字報時練出來的。

老天真的沒有絕人之路。除了小報之外，後來又有兩種書籍被允許閱讀，一是魯迅，二是《紅樓夢》。前者開始時只有語錄。於是，我便天天讀「魯迅語錄」。我回福建閩西探親（菲亞在連城一中當教師）時，菲亞的堂兄陳新居也在連城縣工作，他把自己喜愛的五本魯迅的書給我，有《二心集》、《三閒集》、《南腔北調集》等，還有一部《紅樓夢》。

當我拿到這些書之後，一直提醒自己，別高興得發瘋。我一直覺得自己經不住強烈刺激。那一天，我立即放下手上的《辭海》（我到連城後一直抱着這部大辭書閱讀），貪婪地讀魯迅的書。兩天裏，我一字不漏地重讀《二心集》諸書。從那時起，我對魯迅開始形成自己的一些看法，稱不上「思想」的看法，覺得魯迅的書正是中國近代大苦悶的象徵。這種苦悶，包括不正視自己的失敗、落後，也包括幾千年形成的國民劣根性對他的折磨。中國同胞，那是多麼成熟的世故，多麼成熟的圓滑，多麼成熟的虛偽！面對自上而下、堅如磐石的國民劣根性，正如面對無所不在的「敵人」，但又不知道「敵人」在哪裏。戰士舉起了投槍，不知道要投向哪裏。苦悶啊苦悶！他最愛中國，又最恨中國，「靈台無計逃神矢」，一生下來就中了丘比特的神箭，就注定要愛自己的祖國。但是，中國太世故了，國民性太難改變了，連搬個火爐都要流血，連開個窗子都得「戰爭」。整個國家像個黑染缸，什麼好東西進來都會變質，藥物「鴉片」進來後當作「飯」吃，「共和」進來後變成「專制」，耶穌進來後變成「敲門磚」。怎麼辦？怎麼辦？魯迅只能「哀其不幸，怒其不爭」。於是，出於「愛」，他嘲笑國民性，批判國民性，鞭撻「民族劣根性」一輩子，可是死時，人們卻給他蓋上「民族魂」的輓詞。他的知音了解他，他對中國最深沉的「愛」不得不採用「怒」的形式。可是，我領會到的一切不能暢快地表述。然而，它畢竟進入我的心靈了。還有《紅樓夢》，我不信李希凡那些所謂紅學家的鬼話，自己讀，自己領悟。我覺得越讀越對主人公賈寶玉感到親切。他沒有任何「修身齊家治國平天下」的能力，但「做人」做得很好。他不在乎別人對他怎樣，哪怕對他不好，如趙姨娘賈環母子，他也絕不施加報復，不說他們一句壞話。他在乎的是自己對別人如何。他父親賈政把他打得半死，但他沒有厭恨，沒有微詞，路過父親書房時照樣下馬鞠躬，對父親始終懷着情義與敬意。即使最後離家出走，他也在空中向父親致敬告別。賈寶玉這種做人態度對我影響很深。「喪書」之後我丟失了靈魂，但賈寶玉又重新讓我獲得心靈。在文化大革命期間，我悄悄地對自己產生一種期待，將來有一天，我將會把讀《紅樓夢》的心得寫出來，那我的一生到人間就算「不虛此行」了。

第六章

文革中與反對派同仇敵愾

一九八七年在北京寓所寫作

把我們從江西「四清」前線調回北京後，第二天就讓我們到人大會堂（社科院沒有大會堂，開大會時就租借人大會堂）參加大院揪鬥院黨委的大會。從那一天起，我就精神崩潰，怎麼也想不通：為什麼要如此搞亂自己的天下？好端端的領導，我們的「黨委」，怎麼突然變成黑幫集團呢？也是從那一天起，我突然迷失了。我不遠萬里到北京，為了什麼？是通過好好讀書、學習、努力，把自己培養成「四堂」（甲骨四堂：雪堂羅振玉、觀堂王國維、鼎堂郭沫若、彥堂董作賓）、「五老」（歷史五老：郭老郭沫若、范老范文瀾、翦老翦伯贊、侯老侯外廬、呂老呂振羽），如今，他們都成了「反動學術權威」，更不用說馮友蘭、朱光潛這些早已「反動」的學術權威。連郭沫若也宣佈要燒掉他所有的著作，他的著作不是《女神》、《棠棣之花》這些引導我前行的精神之燈嗎？這是怎麼回事？天變了，地變了，人變了，我的道路也要從根本上改變嗎？我真的迷惘了，迷失了。偶像變成牛鬼蛇神，楷模變成魑魅魍魎，人間變成牛棚，目標化作灰燼。我還要怎麼「做人」？我還有「明天」嗎？我崇尚的黨中央，分成兩個司令部，我的心靈也裂成兩半，裂縫天天刺傷着我，打擊着我。我不知道如何站隊，只是本能地認同「保皇」，被稱作資產階級反動路線「保皇派」。那時我所在的《新建設》編輯部裏「革命造反派」即保皇派只有五個人，兩個黨員（聶振斌、余存真）和三個共青團員（韓林德、莊建平和我），我們本能地站在保守派一邊，與學部的保守派總部同仇敵愾，但對於主流派及哲學所造反派的方向也不敢有什麼異議與抗爭，覺得哲學所的造反派和關鋒是朋友，而關鋒是中央文革成員，何況他們的背後還有康生這樣的大人物支持。於是，糊裏糊塗鬧了半年「革命」，最後五人「保守派」被批判了一個月，朝夕受批，難以終日。那是一九六六年底到一九六七年初，菲亞從福建來北京探親，準備跟我結婚，可我恰恰處於被幫助、被批判的節骨眼上，最後我們這五個人撐不住，投降，檢討，「蒙混過關」了。於是，我也贏得結婚的權利。我身上只有幾十元錢，除了用二角錢到小店舖裏理個髮之外，剩下的錢，買了一些糖果，散發給同事們，也藉此通告大家：我們結婚了！沒有唱歌，沒有儀式，沒有證人，沒有合照，一切自古以來最起碼的結婚程序都沒有。我們的婚禮是最可憐的婚禮，是沒有婚禮的婚禮。好處是連「毛主席語錄」也沒有。新婚之夜，因為床太小，我們兩人只好一人睡一頭。第二天天濛濛亮，我的老同學陳光輝（她是唯一還惦念我們新婚的大姐）讓她的小女兒小曼曼借討喜糖的理由來看望我們。她一進門就發現我們一人睡一頭，好奇地叫了一聲：天呵！你們怎麼這樣睡呵？！她的聲音是我們新婚的天籟。我們為自己有這位天真的見證人而高興了好久，到海外還常常想念她。這婚姻十個月之後，即一九六七年十月，劍梅誕生了。為了安全，菲亞在分娩之前，請假從連城回到家鄉南安錦美村，所以劍梅是誕生在家鄉的詩山醫院裏。問世的第二天，菲亞的祖母把蛇膽灌進小梅的嘴裏，說有點苦膽墊底，永遠都會乾乾淨淨。過了十年，劍梅才有妹妹小蓮。那時，我們一家都在北京，小梅讀北京二中，其第一篇作文題為《小金魚的心靈》，發表在報紙上。後來她讀了北京大學中文系，畢業後到美國留學。我和她媽媽都沒想到，我們最可憐的婚姻還結出兩個聰慧的果子（兩個女兒）。在閱讀劍梅的英文著作

《莊子與中國現代文學》（紐約牛津大學出版社出版）時，我回憶起一九六六年底結婚的慘相，和菲亞會意地笑笑，她知道，在我的微笑裏有對她的感激。

沒想到文化大革命進行了幾年之後，我得到兩次大解脫的好時機。一次是七〇年、七一年、七二年的「五七」幹校，一次是七五年、七六年籌辦《思想戰線》雜誌。學部的幹校在河南，《新建設》編輯部隸屬於學部機關，編入「第一連」，開始時在息縣，後來搬到明港。那時的幹校，除了幹活之外，還得在工、軍宣隊的領導下清查「五一六反革命集團」。我作為一個班長，宣傳隊既利用我，又懷疑我。我則根據自己的小聰明，確知根本就沒有這個反革命集團，因此，對宣傳隊的態度是敷衍又搗亂。當時搗亂最好的辦法是捕魚。我是捕魚能手，此前同事們都不知道。後來才發現，我不僅會捕鱔魚、甲魚，還會捕鯽魚。捕魚可以忘卻政治運動，於是我便大顯身手，把自己的蚊帳剪掉，做成幾個捕蝦的小網，和「五一六」清查對象一起去捕蝦，常常從傍晚到天亮忙個不停。過後又一起煮着吃，那些魚蝦湯鮮美無比。喝多了，把運動也淡化了。儘管領導我們的那個排長（軍宣隊）曾說：「要警惕階級鬥爭新動向！」我也無動於衷，繼續我們歡樂無邊的「捕魚運動」。

還有一件讓我解脫的事。一九七二年哲學社會科學部幹校結束之後，我回到北京。一九七三年，鄧小平進一步掌握政權，他讓胡喬木籌辦一個與《紅旗》雜誌思想路線不同的刊物。胡喬木讓胡繩出面，決定使用《新建設》的原班子為新刊物的班底，刊物命名為《思想戰線》，由林修德擔任主編（林修德是當時哲學社會科學部領導小組組長，曾任福建省委宣傳部長）。他立即組織一個「老中青」結合的刊物籌備小組，我居然作為「青」的代表進入這個骨幹班子。我年輕，立場鮮明，加上有編輯工作經驗，還真被「重用」了。那時我比誰都積極，覺得這回可以和極左的《紅旗》雜誌對陣一番，我可要大顯身手，與鄧小平、胡喬木、胡繩等真正的共產黨人，所謂的「走資派」、「保守派」同仇敵愾了。不好出面辦的事，我都可以挺身而出，我願意為他們去死、去拚搏。於是，從草擬選題到四面八方約稿，我都成了急先鋒。我本來就崇拜胡喬木、胡繩等馬克思主義理論家，這回能在他們親自領導下工作，太開心、太幸福了。那些日子，我每天只睡三四個小時，但精神很好。有一回胡繩召集《思想戰線》籌備組（五人）開會，我第一次面對自己的偶像，激動得不知所措。胡繩說：「看了選題的單子（這份選題完全是我一個人草擬的），唯有一條意見，就是應當再讓哲學社會科學部的一流學者參與寫作。」我仗着年輕，就說：「我們已經擬請馮至、唐弢、任繼愈等撰稿，還有哪些一流學者該請呢？」胡繩立即回答：「例如請錢鍾書、何其芳、李澤厚嘛！」按照胡繩的指示，第二天我立即找了胡繩提到的三個人。錢先生住在我宿舍邊上，經常見面，向他約稿，他婉拒了。見到何其芳，他滿口答應，而且一個星期後就交稿，寫的是關於《水滸傳》的一些看法。他告訴我：「這幾天寫這篇長文，越寫越有勁，登上一個高峰接一個高峰。」我高興得連蹦帶跳，立即向林修德彙報。我還到哲學所去找李澤厚，那是我第一次會晤李澤厚。為了讓他參與，我還把胡繩在《思想戰線》會上說的話告訴他，他聽了很高興。從那個時候起，李澤厚也把我當作朋友。

一九七六年春天，天安門廣場緬懷周恩來總理形成熱潮。我們的刊物籌備工作也接近尾聲，這時，林修德突然想到他的老根據地，就派我和林英（原歷史研究所中國思想史室研究人員，被借調到《思想戰線》）到福建看看，組織一些稿子。我們兩人興高采烈，立即南下，第一站到福州，見了宣傳部長林一心和幾位省委。他們都認定我們是「鄧小平的人」，因此熱情款待。我和林英亢奮不已，大講天安門廣場的作詩盛況。過後，我們又來到廈門，當時的廈門市委書記鄭重聽說我和林英來了，也認定我們是「鄧小平派來的人」，異常熱情。當時我們已經住進一家條件不錯的旅館，但夜裏十點鐘他來看我們，竟認為對我們的接待規格太低，要我們立即搬到一家招待部長級幹部的招待所。我從未經歷過這種事，只覺得很奇怪，但盛情難卻，只好從命。沒想到我們返回北京後，風雲已經突變，天安門廣場的悼念活動已被定性為「反革命事件」，鄧小平被說成幕後人物，一場「反擊右傾翻案風」的運動開始了，我們籌辦的《思想戰線》自然成了鄧小平的「鐵證」之一。那時，胡喬木的檢查被印成一百多頁的油印本。我們這幾位籌委，每人得到一本。在「反擊右傾翻案風」的高潮中（大約是六月份）的一天，林修德突然慌忙地讓我到他的辦公室，一見面，他就神色緊張地說：「糟了，福建革命委員會派了五個人來調查，說你和林英到福建去的時候大講天安門反革命事件。廈門市委書記鄭重還專門寫了一份揭發你們的材料。」為了安慰林修德，我就說：「我們到福建的事，與你無關，完全是因為我想回閩西探親藉口出差罷了。一切責任都由我承擔。還有一點，修德同志，他們把時間搞錯了，我們是三月份到福建的，那時天安門事件還沒有發生。我們確實講了一些緬懷周總理的情況，但與事件沒有關係。」林修德聽我說完，似乎鬆了一口氣，說：「對，你們去福建時天安門事件還沒有發生，這就好，這就好！」再過幾個月，毛主席逝世，「四人幫」垮台，政治風雲又發生了大變動。這回我可受信任了。先是被調到「院部寫作組」，在胡喬木與鄧力群的直接領導下工作，撰寫批判「四人幫」的文章。那時我生命拚搏的狀態達到白熱化程度，常常一天書寫一萬字的批判文章和相關的大報（《人民日報》、《光明日報》等）社論。無論是寫「緬懷毛主席對哲學社會科學部的關懷」，還是「緬懷周總理對哲學社會科學部的關懷」，我都把矛頭緊緊地對準「四人幫」，把「四人幫」痛罵一頓。太可恨了，這幫窮兇極惡的「害人蟲」！那時，我覺得自己身負着十億中國人和幾千萬中國知識分子的全部不平與全部憤怒，我要為他們出力、出氣。在寫作組不久，鄧力群又通知我：決定讓我和解放軍政治學院的一批幹部立即進駐《紅旗》，去清除「四人幫」及其骨幹林傑的流毒，也為《紅旗》寫點社論或批判「四人幫」的文章。我帶着被充分信任的喜悅和討伐「人民公敵」的新使命，立即和幾位軍人一起到《紅旗》編輯部。那時林傑早已被揪出來，也可能被送到牢房了，我沒能見到他一面。我參與撰寫批判「四人幫」的大文章，每天晚上都開夜車，十二點前後可以到食堂吃油條，真是美妙的夜宵。《紅旗》編輯部在沙灘，我幹完工作，本可以回社會科學院歇一歇。但我從不回院部，一連幾個月都在《紅旗》編輯部裏拚搏。我覺得自己是扛大旗與「四人幫」鬥爭的「死士」，隨時都可以為黨、為國家犧牲。

第七章 入黨

二〇〇七年春天在美國馬里蘭州長女劍梅家裏寫作

一九七八年我轉到文學研究所工作前，《新建設》（《思想戰線》）黨支部決定發展我為中國共產黨黨員。當時的黨支部委員是三位重要女性，支部書記是扮演《南徵北戰》裏的老太太的李大姐（名字我忘了），還有兩位是蘇醒大姐和王芳大姐。蘇醒大姐的丈夫是解放軍三〇一總院的政委，王芳大姐的丈夫是後來當了公安部部長的陶駟駒（他們夫婦原是公安部幹部，因文革時要「砸爛公檢法」，才被下放到社會科學院，陶在政治部）。三位大姐對我印象都很好，她們作了調查，知道我在文化大革命中從未傷害過其他同志，而且支持鄧小平復出和他制定的路線。李大姐說：「再復是個秀才，發展他入黨，對我們黨有利。」蘇醒大姐為人雖有點刻板，也竭力支持。而作為組織委員的王芳大姐，她的丈夫陶駟駒先生已成為我的「粉絲」，一看到我發表在報刊上的文章，就立即拿來給我，並且總是說些激勵的話。在三位大姐的一致認可下，我終於正式填了表格，正式申請加入中國共產黨。支部大會前夕，李大姐找我談話，我向她交心，說我之所以不熱心於「入黨」，是因為自己太愛面子，入黨時要被批判大半天，有點受不了。李大姐說：「我們知道你的心情，已和支部裏的同志打過招呼了，大家和風細雨，一個小時就通過。不過，你總得說說自己的缺點，例如白由主義。誰都會有缺點。」我點點頭。果然，那一天我很快就被接受為共產黨黨員了。當時我沒想到，這一天使我以後能夠當上文學研究所所長，《文學評論》主編。

過了一年，一九七九年，我入黨預備期在文學所裏結束，也在文學所的黨支部裏通過「轉正」。然後，按照黨章規定，我還必須由上級黨委派人作最後談話，才能算是正式黨員。上級黨委即哲學社會科學部黨委的代表是邢方群，他原是《中國青年報》和《工人日報》總編輯，為人極其和藹可親。他笑眯眯地對着我說：「再復同志，請你再說一下為什麼要入黨。」我立即嚴肅起來，一臉正經地回答：「我入黨不是想混入黨，而是真正入黨，真正入黨是為了忠實於黨的初衷，即為了中國人民的翻身、解放與幸福。如果我們的黨和中國人民利益一致，我肯定會忠實於黨；如果我們的黨違背了人民的利益，我肯定會站在人民一邊。」方群同志心地善良，他似乎沒有聽過這種古怪的「表態」，開始時感到詫異，過會兒又轉入沉思，然後滿臉笑容地說：「對，對，耀邦同志也說過，我們要永遠和人民站在一起！」就這樣，我在一九七九年正式成為中國共產黨黨員。

然而，我的黨齡只有十年。一九八九年我辭國時，就不再繳納黨費。按照黨章的規定，連續六個月不參加黨的組織生活、不交納黨費或不接受組織分配的工作，就被認為是自動退黨。一九八九年我出國後，文學所的黨組織仍然向我媽媽要黨費。我媽媽在長途電話中告訴我此事，問我還要不要交。我說，媽媽，他們來向您要黨費是好意，是想把我留在黨內，可是我已經回不去了，只能自動退黨了。在八十年代，因為入了黨，所以我在擔任文學研究所所長時，還兼任黨組書記。但我告訴其他黨組成員（即三個副所長馬良春、何西來、馮志正），在外邊，你們只說我是文學所所長即可，不必說我是黨組書記。因為我的文學理論被視為有自由化傾向，說我是黨組書記，會損害黨的形象。

也許是因為國家勝利（打倒「四人幫」）的強刺激，我從七十年代末開始，一直到八十年代，一直處於高度亢奮狀態中。「亢奮」讓我產生了一種空前的抱負與「野心」，那就是要在文學上為國家排除障礙，呼喚一代文學的繁榮。

七十年代末的「國家勝利」和之後的「國家改革」，讓我對華國鋒、鄧小平、胡耀邦這些領袖人物產生一種真誠的熱烈的崇拜。我覺得，他們三人是當代治水的大禹。中國這麼大的國家，遭遇到「階級鬥爭」、「文化大革命」這種滔天洪水，不可再採取自下而上的變動方式，只能採取自上而下的改良方式。也就是說，不能採取「共工」那種「觸倒」天柱的革命方式，只能採取「女媧補天」的方式和「大禹治水」的方式，就是「疏通」、「疏導」的方式。我認為，鄧小平、胡耀邦便是當今的大禹。我當然不能成為大禹，但我可以成為追隨大禹的「小禹」，可以在文學領域裏疏通、疏導。這就是我當時的「野心」。「亢奮」狀態使我的思想活潑到極點。我想到，五四運動時，陳獨秀、胡適、魯迅、周作人都是大禹似的人物，他們發現，中國社會要往前走，就像大水要往前流。但是，流水被一種東西堵住了。這東西，便是孔夫子，就是孔家店。於是，他們不惜「矯枉過正」，用強烈的顯然也是過分的語言批判「仁義禮智」這些傳統理念，硬是把水道疏通。而七十年代末和八十年代，當代大禹們又發現一種東西堵塞中國的河道，這東西就是「兩個凡是」，就是「極左思潮」。在大禹們的啟迪下，我則發現一九四九年後中國文學的水道被一種東西堵塞了，這就是「蘇式教條」。所謂「社會主義現實主義」，所謂「階級論」、「反映論」、「典型論」都是蘇式教條。必須採取「疏導」的方式指出這些教條理論上的偏頗，必須清除這些堵塞水流的理論巨石。然而，它們太強大，我只能扮演堂·吉訶德大戰風車的角色。從「階級論」到「反映論」，都是大風車，於是，我便藉助文學研究所所長和《文學評論》主編的權力，組織大戰風車的團隊，認真地展開一場「拚搏」。我請林興宅、呂俊華這些老朋友幫忙，請他們把「三論」（系統論、信息論、控制論）引入文學。我還建立「新學科研究室」，請我的好友董乃斌、程廣林擔當室主任。我還請人民文學出版社的李昕、中國社會科學出版社的白燁、中國文聯出版社的鄭榮來諸兄支持，請他們幫我出版「文藝學科建設」叢書（由我擔任主編）。在我的心目中，他們就是我的「大戰風車」的團隊。當然，這個團體還包括《文學評論》編輯部王信、陳駿濤、賀興安、王行之、楊世偉等兄弟們，也包括何西來、樊駿、湯學智、丘健、劉福春等文學所的精英們。這個團隊以「知其不可為而為之」的精神，高舉「方法論」變革等旗號，左衝右撞，真的是「攪得周天寒徹」，創造出一段可歌可泣的文學變革的歷史。

一九八四年，在「民主選舉」的方法下，我被選為文學研究所所長。就個人而言，我確實不願意接受這個職務，接受乃是錯誤。雖說是有得有失，但從長遠而言，還是得不償失。但就文學而言，這個職務卻有利於理論變革。因為是「文學研究所所長」，所以我才可能高舉「學術自由」、「學術尊嚴」、「學術美德」的旗幟，才可能把「文學主體性」的聲音唱響全國。然而，也是這個職務與桂冠，使我在「六四」風波中角色被誇大，以至於不得不承認許多額外的「罪惡」，最後導致「喪國」的逆境。

第八章

八十年代的「大戰風車」

一九八六年在北京與錢鍾書先生交談，在座的還有朋友何西來

八十年代，是新中國最好的年代。它是五四運動的繼續，也是我個人「暴得大名」的年代。八十年代期間和八十年代過後的流亡生涯，我都知道自己正是這個變革年代的一個「弄潮兒」。

香港牛津大學出版社出了一本書，書名叫作《弄潮兒》。作者查建英，曾做過一本《八十年代訪談錄》，對八十年代甚是了解。大約是因為談論八十年代而讓李澤厚和我缺席說不過去，所以她又在美國《紐約客》（*The New Yorker*）發表文章，補充了我們兩人。在《弄潮兒》書裏她如是說：

……整個一九九〇年代，新的市場改革啟動了，人們的精力全都投向聚斂財富，黨為了掌控公共話題設立了一套明確的導向（比如著名的「三T禁區」：天安門、台灣、西藏）。隨着經濟的迅速發展，知識精英群體分化了：一些下海經商，另一些——尤其是經濟學者和應用科學方面的專家——以出售專業技能為政府或企業效勞。藝術家和學者們也紛紛努力適應市場。

漸漸地，一種不言而喻的共識產生了，正如上個世紀九十年代後期一本書的標題所言：《告別革命》。這本書是由兩位八十年代的明星學者所著，一位是哲學家、歷史學家李澤厚，一位是文學批評家劉再復。這兩位都是八十年代思潮中影響極大的人物，而那些思潮最終導致了八九學運。這兩人都捲入了天安門事件，結果九十年代兩人都居住在美國。然而他們的新書卻對激進革命者進行了嚴厲的批判。回望上個世紀的中國歷史，李劉二位觀察到，激進的改革試驗最終總是導致災難或專制。中國太大了，它的問題太多太複雜，不能速戰速決。漸進地改良，而不是激進地革命，才是正確的途徑。在另一篇文章裏，李澤厚甚至列舉了四個發展階段——經濟增長，個人自由，社會公正，政治民主——中國走向全面現代化不可能逾越這幾個階段，換句話說，真正的民主不可能一蹴而就。……這是兩位聰明、理性並同情自由民主的中國人的觀點，這種觀點在很多聰明、理性的中國人當中有着廣泛的共鳴，他們認同自由主義，卻越來越不贊同激進改革的態度。儘管這本書是在香港出版，但是它折射出內地精英的態度在九十年代發生了微妙的變化。

（《弄潮兒》，香港牛津大學出版社，二〇一四年版，第二十二至二十三頁）

這段文字稱李澤厚和我為「明星學者」，並說「這兩位都是八十年代思潮中影響極大的人物」，這是她的看法，我沒話可說，但她說我和李澤厚的思想最終導致了八九「學運」，則有些誇大。因為八九學運是政治運動，而我們在八十年代所撥弄的潮流完全是文學藝術。

在八十年代裏，我在文學領域，大體上做了三件事。第一件事是「開拓文學研究的思維空間」；第二件事是「呼喚作家確立文學創作的主體地位」；第三件事是疏通文學河流中的「堵塞之物」。現分別具體地說一說。

一、開拓文學研究的思維空間。

一九八四年秋天，我到武漢大學開辦講座，題目正是「文學研究思維空間的拓荒」，返回北京後，《讀書》雜誌用同樣的標題分兩期發表了我的講座稿，引起學界的廣泛注意和熱烈反響。

在《讀書》雜誌上發表時，我給總標題加了個副標題：「近年來我國文學研究的若干發展動態」。

我在此次講座中，首先說明了我倡導的「方法論變革」只是手段，一切方法的變革都是為了拓展文學研究的空間，即為了「踏進更多未知的領域」。對方法論的興趣，乃是一種接近真理的熱情表現。

我把「近年來文學研究方法」的改革方向總結了一下，概說為「四大趨向」：（1）由外到內，即由着重考察外部規律向深入研究文學的內部規律轉移。（2）由一到多，即由單一的哲學認識論或政治的階級論轉變為從美學、心理學、倫理學、人類學、精神現象學等多種角度來觀察文學。（3）由微觀分析到宏觀綜合，即由孤立地就一個作品一個作家進行思考變成從整體的觀點、系統的觀點進行綜合考察（也就是超越了一般的作家作品論）。（4）由封閉體系到開放體系。除了這四個趨向之外，我還概括了七種文學研究的新現象：（1）藝術審美特徵的研究；（2）心理學方法得到普遍重視；（3）比較文學研究的蓬勃發展；（4）西方文學批評流派和批評方法的引進；（5）系統方法的嘗試；（6）和自然科學方法的相互滲透；（7）宏觀考察與微觀考察的結合。

我的講座稿經《讀書》雜誌發表，不僅影響了文學研究的學子們，而且迅速傳到作家的圈子裏。整個講座無非是想擴大學人與詩人的視野，推動大家從僵化了的思維狀態中走出來，但會產生如此熱烈的反響，倒是我始料未及的。

二、呼喚作家在文學創作中確立主體地位。

從七十年代末到整個八十年代，我一直正視一個大現象，這就是「主體性失落」的現象。中國前期當代文學（一九四九至一九七六），其基調是政治性、階級性、傾向性、黨性（完全諱言人性、個性、自性等）。到了文化大革命期間，整個中國當代文學只剩下兩部小說，即浩然的《金光大道》和姚雪垠的《李自成》，還有八個樣板戲。面對這種現象，我心裏很清楚，覺得中國當代文學失敗了。它需要更新，需要改革，需要拯救。對於這種失敗現象，我從哲學上找到一種表述，就是「主體性失落」。所謂「主體性」，當時我能認識到的，就是體現人的本質力量（不同於動物）的那種屬性。作為詩人作家，他們的主體性，便是體現文學本質力量的那種屬性。就我個人文學修養而言，總是認定唯有呈現文學個性、人性、創造性，即他人不可替代也不可重複的特性，才算具有「主體性」。但五十、六十、七十年代的文學代表作和八個樣板戲，並不能體現這種特性。這些戲劇與文學作品，雖然都屬「政治正確」，即從政治着眼，它們均符合黨性，符合階級共性，但所有的人物都沒有內心，沒有靈魂的張力場。每個人物都是理念的載體，時代的號筒。不管是李玉和，還是楊子榮，還是阿慶嫂，其實他們都是政治的符號，觀念的圖像。他們共同的問題是「主體性失落」，也就是人性的不真實和個性的消解。文學平台上的蕭條與蒼白，原因是作家的「主體性」丟失了。作家只講黨性、階級性、傾向性而不敢講個性、自性、人性、創造性，這怎麼可能產生傑出文學作品呢？所以我在八十年代中一直有種衝動，一定要告訴作家詩人們：我們面臨的第一個頭等重要問題是確立主體性，但因為政治壓力仍然很大，所以我想到一種「文本策略」，就是把作家的現實主體與藝術主體分開。作為現實主體，作家守持黨性、階級性、傾向性無可厚非；但作為藝術主體，則必須發揮自身的精神動能性，超越這些現實屬性。也就是當你進入文學創作時，可以不受黨性等的束縛，全力創造出具有個性的作品。

我原以為，採取這種妥協性的方式可以在大陸語境下通過。然而，還是遭到《紅旗》的強烈批判，而且從政治上判決我的文學論述是「關係到社會主義在中國命運」的反馬克思主義論調。一九八九年學運發生之後第二年，高教部何東昌甚至組織大規模的批判（詳見《我的思想史》）。批判者邢賁思等，首先不承認有「主體性失落」的現象，連這一前提都沒有共識，那還有什麼話說？

八十年代中期，我寫作《論文學的主體性》以及這篇論文所引發的全國性論爭，是我在八十年代所做的第二重要事。

三、疏通文學大河的諸多堵塞物。

我當時感到最大的堵塞物就是政治意識形態，也就是各種主義，在文學上，便是「社會主義現實主義」。

對於「現實主義」，我從未反感過，而且深知從狄更斯到托爾斯泰都是現實主義的偉大作家，正如他們的作品永遠不會過時，「現實主義」也永遠不會過時。然而，「現實主義」再加上「社會主義」的政治意識形態前提，那就完全不同了。「社會主義」前提，意味着寫作要有種種社會主義的政治預設，要有唯物主義的哲學預設，還要有兩個階級、兩條道路、兩條路線鬥爭的內涵預設。現實主義本叫「寫實主義」，一旦有了政治等預設，作家的寫實也就是寫而不實了。當時的文學作品，其內涵是兩極對壘，其人物均戴假面具，文學成了政治的注腳和意識形態的形象轉述，其理論根源就在於要求作家在寫實時還得加上「社會主義」前提。從七十年代末開始，我就發現寫實主義（現實主義）的變形變質變態。同時也就發現，當時唱得最響亮的「反映論」也變質變態了。文學反映現實生活，作為一種文學方式，本無可指責。但六、七十年代的反映論，要求作家「反映」的現實生活，已非真實的現實生活，而是規定好了的「兩個階級、兩條道路」的模式化現實與模式化生活，因此，反映論已不是真反映論，而是偽反映論。何況文學的對象還不僅是現實世界，它也可以表現神話世界、心理世界等。像《紅樓夢》中的「太虛幻境」，雖不是現實生活，卻是人類心靈的折射。「反映論」被機械化之後，「典型論」也發生變質。文學創造典型人物與典型性格，本也無可非議，然而，中國當代文壇把典型解釋為創造「典型環境中的典型性格」。所謂典型環境，乃是兩個階級、兩條道路、兩種路線的鬥爭環境；所謂典型性格，則是高大、完美的英雄性格。其結果，典型人物變得很不真實，幾乎臉譜化。總之，在「社會主義現實主義」的總題下，「階級論」、「反映論」、「典型論」成了我國當代文學發展的理論堵塞物。我當時覺得，自己既然清醒地意識到這些「堵塞」現象，就應負起「疏通」的使命。我當時還很幼稚，政治考慮往往先於文學考慮。從政治上着眼，我覺得社會主義文學要贏得光輝的前途，就必須進行理論變革。具體地說，就是要批評上述這些「主義」和諸論的錯誤。

第九章

胡耀邦的關懷與文壇領袖們的護愛

一九九四年在台灣
（王永泰攝）

在我人生的拚搏中，有一個偶然因素的介入，這就是共產黨高層領導者的關注與護愛。

我要特別提起的，首先是胡耀邦。我一直對這位共產黨的總書記充滿敬仰，覺得他是共產黨人中最熱情、最正直、又最富有人性的領導者。在中國共產黨的改革大業中，如果從「歷史評價」的角度說，第一名是鄧小平；而如果從「道德評價」的角度說，第一名應是胡耀邦。我一直覺得，胡耀邦在中國歷史上出現，是一個奇蹟。二〇一五年，網易記者採訪我時，要我用一句詩來描述他，我立即想到：「秉德無私，參天地兮！」

我第一次得知胡耀邦關注我，是一九八三年春天全國政協開會的時候。在政協小組會上（胡錦濤是我們的組長），我的發言極為坦率尖銳，講了兩點。一是說，文化大革命把大家害得太苦了。究其根源，是沒有抗衡力量。蔣介石是個大草包，連長江都守不住。要是守住，南北抗衡，像南北朝鮮那樣，雙方都得討好民眾，大家就不會受那麼多的苦。二是說，我從未反對過經濟國有化，一個根本不懂經濟的人不會議論經濟。但是，我確實反對心靈的國有化，反對「全面專政」。實行政治和經濟上的無產階級專政，我支持；但把無產階級專政推向心靈領域，我則反對。我發言之後，組內的朋友私下對我說：你真大膽！我自己也覺得太放言無忌了，心裏有點不安。可是，沒想到，我發言後的第四天，政協簡報組的朋友韓雁告訴我，耀邦同志交代：凡是劉再復的發言，立即送到我這裏。聽到這個消息，我非常興奮，覺得耀邦同志不僅沒有負面評論，而且關注我的發言，很不簡單。要是碰到左傾領導人，他們肯定早就怒不可遏，說我「言論反動」了；而胡耀邦卻允許我說話，而且關注我說的真話。真了不起！由於受到胡耀邦的鼓舞，我在政協會上更是積極發言，把想說的話盡量說，真做到「知無不言，言無不盡」了。

過了兩年，即一九八五年春天，我因替周揚起草第五次作家代表大會的報告，必須向黨中央書記處彙報寫作提綱。在彙報會上，胡耀邦作為主持人坐在中間，會議由胡啟立主持，與會的書記有習仲勳、胡喬木、余秋里、喬石等，作協方面與會的有夏衍、馮牧、林默涵、許覺民和我。我彙報後坐下來聽取意見，首先還是胡耀邦說話，他說的意思是：改革開放，總是泥沙俱下，既有可高興的事，但流氓、地痞、投機者也趁勢興風作浪，影響社會風氣。作家也要影響社會，都在同一條河上，我們要同舟共濟呵！討論完提綱後，夏衍站起來，我們也跟着站起來，就要離開會場。沒想到，胡耀邦對着我說：「小劉，你們坐下來聽聽。」於是，我們這些「作協」人就坐下來列席書記處的下一段會議（討論支援少數民族地區的幹部是否提高工資和是否建立博士、碩士制度問題）。會議結束時，胡耀邦從主席座位上走下來，一直走到我面前，說了一句話：要同舟共濟呵！

此次見到胡耀邦，給我留下永遠不能磨滅的印象，他說的「同舟共濟」，也永遠留在我的心靈深處。三十多年過去了，這一切都還歷歷在目。那個瞬間，我真想對他說：我是一九七八年入黨的，一九七九年轉正，轉正時我對黨代表說：我是忠實於黨的初衷的，那就是為中國人民謀幸福的初衷，如果黨和人民發生矛盾，我只能站在人民一邊！

一九八八年春節，我和菲亞回南安老家探親，縣委書記特地在縣城宴請我們和我們住在城裏的老師同學。在餐會上，書記說：「前幾天耀邦同志南下視察，只到泉州，未到南安，我指着南安跟耀邦同志說，對面就是南安縣了。耀邦同志說：那不是劉再復的家鄉嗎？」我聽了非常感動，立即對着身邊的菲亞說：「你看，耀邦同志這麼忙，還記得我的名字和我們的家鄉，這樣的領導人，太難得、太偉大了！」

一九八五年，我擔任文學所所長之後，總是想到胡耀邦，覺得他就在身邊支持我，於是，我高舉「學術自由、學術尊嚴」的旗幟，在文學理論上大膽革新。當時，只覺得共產黨前程無量！

除了感受到胡耀邦的關懷與支持之外，我還從當時的人文領袖周揚、胡喬木、胡繩等身上獲得力量。關於和這幾位人文領袖的交往，我已寫了文章，現抄錄於此。

周揚紀事

（一）

這幾年，無論走到什麼地方，都會想起周揚的名字。許多人的名字，包括一些所謂「學術權威」的名字，不值得我多想，想下去便覺得他們身上有太多寒氣，以至於使我也冷了起來。而想念周揚時，心倒會熱起來。這種直接的溫暖的感覺，又使我確信，周揚是值得懷念的。

八十年代，即周揚的晚年時期，在四五十歲的新一代人中，我應當是與他聯繫較多的一個。我為他起草過《學習魯迅的懷疑精神》、紀念魯迅誕辰一百週年的報告、紀念左聯成立五十週年的報告等，還為他起草《中國大百科全書·文學卷》的頭條即總論（共同署名）。最後一次是第五次全國文代會的報告，那時胡耀邦和他領導的中央書記處已決定仍然由周揚作為文代會的籌備委員會負責人，由他作主題報告。當時文藝界的領導人夏衍、陽翰笙、馮牧等擬定了一個為他起草報告的候選人名單，交給周揚挑選。周揚已病重在床，但還是認真地看了名單，最後還是選擇了我。當時的文學所所長許覺民受委託告訴我此事，並要我承擔執筆起草全國文代會報告。我已下決心不再「代聖賢立言」，便竭力推辭。許覺民所長見我執拗，先是拿起黨的文件「嚇唬我」，說文聯黨組給中央的報告已寫上你的名字，而且中央已經批下來了。他怕我這個「自由主義分子」不信，居然把陽翰笙代表文聯黨組寫給中央的報告原件（一九八四年十二月一日呈交的報告）放到我的手裏，讓我仔細看看。於是，我一個字一個字讀了下來：

啟立同志並轉中央書記處：

遵照本月17日您關於第五次文代會報告起草組名單，要「文聯黨組討論，經周揚同志同意，報中央備案」的指示，我與夏衍同志商量後，文聯黨組於26日開會討論，會議經過慎重研究，建議：報告起草仍由夏衍任顧問，陽翰笙任組長，其他成員為：馮牧、趙尋、陳涌、江曉天、劉厚生、羅藝軍、王春元、劉再復等同志。經夏衍同志斟酌後，已由周揚同志審閱批覆同意。茲特呈報中央准予備案。

這次黨組會上，並討論了第五次文代會整個籌備工作的領導問題。建議：擴大並及時組成五次文代會籌備領導組。由周揚任組長，夏衍、陽翰笙、林默涵任副組長，其他成員為趙尋、馮牧、陳荒煤、李瑛、袁文殊、延澤民、陸石、李庚、孫慎、華君武等同志。周揚、夏衍同志也同意這個名單，現同時報請中央一併備案。

附呈周揚同志21日口述函打印件，按他的意見抄送請耀邦、仲勳同志和您審閱。

報告起草組當即開始工作，籌備領導組也將及時召開。

您對以上回報事項有何指示，盼告。

陽翰笙

一九八四年十二月一日

許覺民在我讀完後說：此件中央已經批准下來。但他知道我的怪脾氣，見我久久不吭聲，進而便以「情」來打動我。他出示了另一張起草者名單，指着我的名字說，你看你的名字上畫了個圈圈，是周揚同志畫的。他身體不好，我們把起草者名單送給他時，他要了筆，手抖着，然後顫巍巍地把筆落在你的名字上。許所長說到這裏，我心一熱，便答應了。我早知道周揚病得很重，在生命的最後歲月，還如此器重我、信賴我，還用他剩餘的未被「文革絞肉機」絞盡的一點氣力對我發出呼喚，我能無動於衷嗎？中國話說「盛情難卻」，其實最難卻的是重託的真情，我沒有理由拒絕了。那一剎那，我對自己說，趕緊寫吧，也許這位當代文化領袖還能看到我為他起草的文字，也許還可以帶給他一點最後的欣慰。

沒想到，這之後，他的腦軟化病情加重，不能像以前那樣總是把報告的主旨想好。幾次給他起草，我個人收穫最大的是寫作前傾聽他講述「報告」的要求和要點。那實際上是大文章的框架和基調，也就是「文眼」、「文心」，他給報告立了心，我的文章就好做了。這個過程，真是學習的「大好時機」，八十年代前期大約五年，我在這一「周揚學院」裏吸收「功夫」，受益無窮。經過這段「修煉」，我覺得自己寫作的宏觀把握能力提升了。像紀念魯迅誕辰一百週年的報告，他就對我和張琢（幫助我起草的朋友）說，這個報告要以毛主席說的建設科學的、民主的、大眾的文化為「綱」，通過魯迅這一典範，把三個範疇（科學、民主、大眾）講清。每次聽他一講，不僅聽到寫作「動員」，還知道如何下筆。可是，一九八四年這一回他病倒了，連見個面都不行，我只能在文聯為我租好的旅館裏獨思冥想了。他們要求我先想好主題，然後寫好提綱，一個月內完成此事，下個月文聯黨組要向中央書記處彙報。果然，一切都按時間表施行。一九八五年一月間，我被通知和夏衍、馮牧、林默涵一起參加中央書記處會議，並讓我向胡耀邦總書記和書記處書記們彙報我擬好的提綱。

接到通知後我興奮了一個晚上。儘管在八十年代我屬膽子很大的「弄潮兒」，但這回有點像古代舉子面臨「殿試」的緊張，於是我把自己要講的綱要想了又想，「爛熟於心」後才和許覺民一起進了中南海的「中央書記處」。一進門，就看到會議室中間橢圓的大約兩丈長、一丈寬的大會議桌。坐在正上方的是胡耀邦總書記，胡啟立坐在長桌左側的中間，他的身邊有胡喬木、習仲勳、喬石等書記，我的座位正面對着他們。在他們邊上還坐着夏衍、馮牧、林默涵。我和許覺民坐下來之後，立即聽見胡啟立說：開始彙報吧。於是，我就把「爛熟於心」的提綱用二十分鐘的時間講完。講完後夏衍作了大約五分鐘的說明，他事先已審閱過提綱，只是說明周揚同志已住院，無法到會，提綱中所強調的作家、藝術家在新時期兼有推動歷史前進和藝術創造的雙重使命這一主題是文聯黨組認可的。接着書記們發表了意見。胡耀邦說話時我側耳傾聽着，並作了筆記。他說，現在中國處於變革大潮中，泥沙俱下，一面是發展，一面是流氓、地痞、投機者興風作浪，他們影響社會風氣，我們的作家和藝術家也要影響社會風氣。都在一條河裏，我們要同舟共濟呵。討論提綱後我們這些老少「秀才」們就要走，沒想到胡耀邦面對着我說：小劉，你們坐下來聽聽。於是我和許覺民居然留下來列席書記處的下一段會議。主持會議的胡啟立宣佈還有兩個議題，一是邊疆幹部是否提高工資的問題，二是要不要設立博士、碩士學位制度問題。討論中的發言，習仲勳給我留下印象最深，他敢於直言，而且語端帶着情感。討論學位問題時只有胡喬木一個人發言，他倒是娓娓道來，說明建設學位制度的必要性。散會時，我和許覺民走到胡耀邦面前，和他握手，他大約感受到我的敬愛的目光，又說了一句：要同舟共濟呵！

會議之後，為了周揚，為了胡耀邦，我在旅館的燈光下日夜寫作，很快就交出了初稿。我向許覺民和文聯黨組請求，修改和定稿就由別人去做，我剛剛接替他的研究所所長，也的確太忙。黨組同意了我的請求。最後訴諸社會的「報告」有沒有用上我的文字，我也記不得了。

回到所裏，我除了必須進入陌生的「領導角色」之外，還得開始着手寫作周揚給我的另一篇大文章，這就是《中國大百科全書．文學卷》的「頭條」即總論。這一總論題為《中國文學》，放在辭書的最前邊，篇幅一萬五千字。具體執行主編工作的王元化和許覺民「指示」說：此文已寫了兩三年了，到處徵求意見，還是寫不好。最後和周揚同志商量，還是由你來寫。你要寫好三個部分，一是概述中國文學發展的歷史輪廓，從古代到現代都得說；二是概說中國文學的特徵；三是概說中國文學在國外的傳播與影響，也可以說是中國文學與世界文學的交流史略。面對這一重託（也是重擔），我明知繁重，又是因為對周揚個人懷着知遇之情感而完成了這一工作。完成之後，本應只署周揚的名字，但王元化、許覺民為了表彰我的勞動，便不顧名分輩分的差別，把我的名字和周揚的名字署在一起。當時我四十三歲，還是全國青聯委員，常以青年自居，能與中國文藝界的泰斗人物「並置」，自然高興，但我當時所以沒有「謙讓」，實在是因為周揚晚年留給我一種人性尚存的溫馨印象，並非「暴君霸王」，使我覺得把自己的名字與他的名字連在一起，實在是非常光榮。今天，我寫這篇文章，也是在為他的晚年未滅的人間性情作證。到海外之後，我所作的反省都是人性的反省，包括對故人的回憶，也唯有那些還具有人性掙扎的往事，才能重新激起我熱愛人生的情思。

（二）

我和周揚真是很有緣分。一九七八年他從暗無天日的文字獄中剛剛走出來，就到中國社會科學院擔任副院長（院長胡喬木），而我正是院長胡喬木和另一副院長鄧力群領導下的寫作組成員。工作室就在周揚辦公室的樓上。那時我正在如痴如醉地批判「四人幫」，經歷着人生最快樂的向前衝鋒的火熱日子。當時周揚也剛解除「四條漢子」的魔咒，從臨近死亡的峽谷中走出來，尚未完全消除從地獄裏帶來的陰影，談不上什麼架子，而我又仗着自己年輕，就常常直闖他的辦公室，和他談論我正在寫作的討伐「四人幫」的文章和社科院在文化大革命中的血腥故事。那時，文化大革命如山如海的大冤大仇大恨彷彿全都集中在我身上，除了寫文章之外，就是滔滔不絕地訴說荒誕與野蠻。可周揚除了認真聽之外，很少說話，只是在我談到把孫冶方打入牢房，把張聞天按倒在地，把廁所裏的鐵絲紙簍戴到俞平伯老先生的頭上時，他才連聲歎息。那時，我注意到，他的眼睛是潮濕的。從他的淚眼中，我發現他的心事很重。

這是周揚留給我的第一印象，完全是一種傷感的印象。這種印象在我後來與他頻繁的接觸中越來越加深。他的傷感一是為自己被傷害，一是為自己曾傷害過別人。特別是後者，我親眼看過他多次為此落淚。第一次是在一九七九年我到頤和園清華軒參加全國第四次文代會報告的起草工作。當時在清華軒參加這一工作的有三個「將」（陳荒煤、馮牧、林默涵）和五個「兵」（唐因、劉夢溪、鄭伯安、徐非光、劉再復）。周揚也幾次到過那裏。初稿完成後，周揚在人民大會堂召集了大約有四百個文藝界著名人物參加的徵詢意見會。在這個會上，丁玲、艾青、蕭軍站起來走到周揚面前，痛斥他過去的「專橫」，一點也不給周揚「面子」。那時我坐在離周揚只有幾米遠的地方，看到他恭恭敬敬地傾聽着這些滿懷義憤的「痛罵」，眼睛直楞楞的，一句話也沒有回答。那一剎那，我覺得周揚真是可憐。作為「反革命修正主義黑線」的「頭目」被打得尚未直起腰杆，這些作家又要向他討債，而他又確實欠了債。他欠債是因為對毛澤東的文藝思想絕對忠誠，而毛澤東卻咬定他背叛革命文藝路線，而整個地拋棄了他。散會後的第三天，我在頤和園清華軒裏見到他，當時其他寫作人員都回城裏了，只有馮牧和我在。我們就陪着周揚聊天，並自然地說起這次徵詢意見會。周揚用一種負疚的、低沉的聲音說：「五七年傷了太多人了，那篇批個人主義的文章太激烈了，他們有氣，他們都吃了苦了。」說完就落淚。這一天我還第一次聽到他訴說自己的委屈與困惑。他說他每寫一篇文章，每作一次報告，都要重新認真閱讀毛主席在延安文藝座談會上的講話，毛主席也親自給他寫了三十多封信，可是，不知道為什麼，突然就這樣整他。說完又落淚。他走了之後，馮牧說：周揚同志好極了，一說起錯打一些同志就掉淚，以後少提這些事，他的眼睛已經很不好了。我點點頭，並覺得周揚確實非常真誠地覺得過去自己傷害過別人，對此負有責任，儘管他心裏明白自己又是一個執行他人意志的悲劇者，無可逃遁的政治器具。

我從清華軒回社科院之後，就很少再見到周揚。當時我埋頭撰寫《魯迅美學思想論稿》和《魯迅傳》，並陸續在一些報刊上發表一些研究魯迅的文章。其實，周揚真正看中我也是從「魯迅」這個名字開始的。大約是一九八〇年秋天，當時擔任文學研究所副所長的陳荒煤找我，說周揚想寫一篇紀念魯迅的文章，原先請王士菁同志起草了一個，實在不行，周揚請你另寫一篇。說完就把王士菁寫的稿子給我，上面有他寫的「批示」：「請載復同志重新起草一篇」，他把「再」字誤寫為「載」字。荒煤還告訴我，周揚出的題目是「學習魯迅的懷疑精神」，你就按照這個題目寫一篇吧。我覺得這個題目好，而且性急，兩天內就寫好並交給陳荒煤，過了幾天，荒煤告訴我，周揚很滿意，但你還是要尊重王士菁同志。這篇文章發表之後，周揚特別交代把稿費交給我，我堅持把一半稿費分給王士菁。當時王士菁是魯迅研究室主任，剛從廣西調到北京。他為人溫和，只是每次開會都強調要堅持用毛澤東思想改造自己，活到老，改造到老，這種嘮叨常使我困惑。

（三）

這之後不久，我又作為紀念魯迅誕辰一百週年報告的主要執筆者，再次代周揚立言，從一九八一年的春天一直忙到秋天。當時周揚、陳荒煤根據我的意見，請我的朋友、哲學研究所的張琢參加，還請另一朋友、文學所的張夢陽協助。這一寫作過程，其複雜與曲折，是我在工作之前絕對料想不到的。這一過程的細節還是留待以後細說。我這裏想說的仍然只是周揚的感傷。為了寫好這個報告，周揚在他家裏以及在北京醫院，多次和我談論魯迅。在文化大革命中，他是作為反對魯迅的「四條漢子」之一被揪出來的。以《魯迅全集》中的一條注釋作為藉口，說這條注釋是他射向魯迅的一支毒箭，然後便開始清查以他為代表的所謂從三十年代就開始的「反革命修正主義文藝黑線」。周揚作為這條黑線的「祖師爺」，在文化大革命的十年中，自始至終受盡污辱性的批判。我常想，一個人能承受這種大規模的洪水般的攻擊、污衊、毀謗與中傷，能在泰山壓頂似的當代文字獄中存活下來，真是個奇蹟。陶鑄的夫人曾志告訴過我，當她聽到廣播姚文元的《評陶鑄的兩本書》時，覺得每一個字都像刀子往她心上戳。而周揚聽到姚文元的《評反革命兩面派周揚》時，不知道怎能受得了？我一直想了解：是怎樣堅韌的信念與觀念，使他能在最骯髒、最惡毒的語言轟炸中支撐住生命？每次見到他時，我幾乎都忍不住要問他。而背着「魯迅之敵」的罪名蒙受十年攻擊的他，現在又要作為紀念魯迅的文藝界領袖而發言，他又該說些什麼呢？心裏翻騰的是怎樣的真實情感呢？也許因為當時我正處於好奇的年齡，所以總是留心他的想法、說法，並把他說的話作了記錄，儘管這些記錄因為去年我的北京寓所被劫，材料可能散失，但我仍然記得他一再對我說：魯迅的偉大，在中國現代作家中無人可比，他最了不起的，一是對中國歷史的深刻認識，二是對中國現實社會的深刻認識。魯迅是個天才，可是在魯迅處於晚年的三十年代，「我們那時還很年輕，太幼稚，不能充分認識魯迅。」周揚在說這些話的時候，是很誠懇的，我能感受到他的每一句話都發自情感深處，一點也不摻假。他知道那時人們仍然在神化、聖化魯迅，魯迅的研究者和宣傳者仍有許多矯情，他知道這種聖化乃是魯迅評論另一種形式的幼稚病，但他不是忙於去指導他人，而是想到自己青年時代的幼稚，並為此感到遺憾。他的這種認識與情感，使我感動，所以在寫作這一個報告時，我要為他負責，盡可能地抹掉文化大革命投給魯迅的神聖光環，絕對不能再濫用魯迅的名義去號令作家。於是，我尊重周揚的意思，在寫作時強調魯迅的科學的、民主的、大眾的文化精神，強調作家的良知，語調平和平實一些。這一報告初稿寫成的時候，周揚很高興，他作了修改後，便印發送給中央和文藝界的領導人徵詢意見。沒過幾天，胡愈之、傅鍾等的意見紛紛下來，他們都很滿意。正當我鬆口氣的時候，周揚讓陳荒煤通知我和張琢立即到北京醫院參加緊急會議。這次會留給我極深的印象。當時周揚住在北京醫院，所以由王任重召開的此次討論報告初稿的會議只能在醫院裏進行。那天會議除了王任重以中宣部部長身份主持外，參加的還有周揚、賀敬之、林默涵、陳荒煤等，他們都是中宣部或文化部的副部長，此外，還有李何林、王士菁、我與張琢。王任重一開始就借助胡耀邦之名，說他上午剛剛見了胡耀邦同志，耀邦同志說報告還是得有點戰鬥性。於是，王任重批評說，這個報告初稿完全沒有戰鬥性，完全不批判資產階級自由化，而且還提什麼作家良知，這是資產階級人性論。聽了王任重的話，我和張琢都沉不住氣了，當場就和王任重辯論起來。我說，過去十年把魯迅弄得滿身火藥味和戰鬥氣，借他的名義打人，這回報告可不能這麼寫了，我們應當有一個平和的、求實的、科學性強一點的報告。張琢也緊接着發言，支持我的看法，他鋒芒更健，用詞極為犀利坦率。王任重沒想到我們敢於當面頂撞他，一時不知如何是好，最後他口氣放緩和了一些，說這個稿子作為學術論文還是不錯的，你們可以用個人名義在《人民日報》上發表，但不能作為黨的報告。於是，王任重便委託林默涵組織一個班子另寫一篇。那時距離開會只有十幾天，三位臨時上陣的起草者日夜奮鬥，而我則賭氣真的想把初稿拿到《人民日報》上發表。周揚得知我要這樣做時，急了起來，說：「等等，情況可能還會有變化。」果然，過了幾天，作為此次紀念活動籌備委員會主任的鄧穎超通知周揚和陳荒煤，說她已讀完報告初稿，並說：報告寫得很好，我沒有什麼意見，只有一條意見，就是凡是提到作家的地方，前邊應當加上「革命」二字，作家應當成為革命作家嘛。王震也在報告上作了批示：周揚同志，報告寫得很好，凡是精彩的地方，我都用紅筆劃上了。周揚讓我看看王震畫紅線的地方，一段一段，幾乎畫上了三分之二。陳荒煤聽到鄧穎超的意見後很高興。他告訴我，可能還得用原來起草的報告，你可以在文字上再作些推敲。鄧穎超、王震的意見果然起了作用，王任重又在中宣部召開緊急會議，那時距離開會的時間只有兩天了。此次參加會議的人很多，除了王任重之外，周揚、朱穆之、賀敬之、林默涵和中宣部的一些幹部都參加了。王任重顯然受到鄧穎超意見的影響而想給自己找個台階下，他說：現在形成兩個報告初稿，今天都讀給大家聽聽，大家作決定。林默涵立即表示，後來起草的報告不行，又亂又淺又臭，還是讀讀原來起草的報告吧。於是，我就當着大家讀了一遍報告。讀完後王任重首先發言，說這個報告稿這幾天修改得不錯嘛（其實我並沒有修改），再加上一段反對自由化的內容就可以了。可是我很固執，當場表示，要加還是由你們自己加，我的工作就算結束了。我的話惹得幾位副部長都不高興。有位副部長站起來，說加不加一段反對自由化的文字是要不要與黨中央保持一致的問題。他還拿了胡耀邦即將在同一會上發表的報告稿來，特別唸了其中反對自由化的一段，氣氛變得非常緊張。我很尊重胡耀邦，但覺得當時的作家主要問題應是從教條的重壓下站立起來，以便用更自由的心靈去創造在文化大革命中崩潰了的中國文學，而不是在他們剛剛呻吟幾聲後，就忙於用「反對自由化」的口號堵住他們的咽喉。因此，我又和他們論辯起來。散會後，周揚讓我和他一起回到他的家裏。當時，周揚的夫人蘇靈揚大姐正好在家，她對着滿懷心事的周揚說了幾句我一直難忘的話：「如果還要你再去反對自由化，再去批判別人，你就不要作這個報告，我們的教訓夠深的了。」當時她很激憤，鋒芒直逼周揚。我被蘇大姐這一番坦率的肺腑之言所鼓舞，暗自高興。而周揚始終認真聽着，待蘇大姐平靜下來，才和我一起到會客室隔壁的小辦公室裏，讓我把談論文藝界現狀的那一段話找出來讓他再看看。我把稿子攤開，他就在桌邊坐下，一行一行地看下來，最後，提起筆加了一句話：「我們現在應當特別警惕左的傾向。」寫完之後對我說：「他們說要加上一段話，我看還是加上這一句。」我看了之後，高興得幾乎要跳起來，立即鄭重地對他說：「周揚同志，您的想法是對的。」他接着就很嚴肅地說：「我改過的這份稿子以後就由你個人保存着，你可以作證。」他講這幾句話時，聲音微微顫動着。我一直沒有忘記這一天，一直沒有忘記他的委託，一直把他的修改稿鄭重地保留着。到了一九九四年年底，中國社會科學院強行劫奪我在北京的寓所時，我首先想到的正是聶紺弩、馬思聰的手稿和周揚委託我保存的手稿。我不能辜負他的委託，我必須讓世界了解他晚年悲哀而清醒的靈魂。

周揚無論是在延安還是在一九四九年之後，都作為毛澤東思想的忠誠執行者，確實整過人，打擊過敢於直言的作家，但是，當他自己也經歷過不幸，經歷過貼着革命標簽的文字獄之後，又確實有所徹悟，確實有負疚之心。他從歷史的傷痛與自己的傷痛中學習到一點：不能再左傾了。他曾參與左傾的革命列車，碾碎了許多作家的心靈，而最後他自己的心靈也被這列車所碾碎，無論是坐在車上，還是被碾碎在車輪之下，他顯然都感到自己有一份責任。他晚年不斷落淚，不斷傷感，不斷對着繼續左傾的喧嘩發出歎息，都讓人留下深刻的印象，讓人感到他真誠地認識到自己曾參與創造了一個錯誤的時代，一個需要記取教訓、需要懺悔、需要感到心靈不安的時代。當那些以整治他人為職業的文化革命家們高喊「永不懺悔」的口號而理直氣壯的時候，晚年的周揚卻從來沒有理直氣壯過，他只是傷感、迷惘與反省，盡可能發出一點與過去不同的聲音，最後他還希望一個年輕的後人為他晚年靈魂的變遷作證。他意識到這種變遷的重要，意識到歷史將肯定他的某種覺醒，儘管他在這種覺醒中仍然充滿搖擺、矛盾和痛苦。

我和周揚的文字之緣和思想之緣，是人生旅程中值得記憶的一頁。所以值得記取，並不在於我曾和二十世紀中國社會主義文學運動史上的一個領袖人物的名字緊緊相連，而在於我從這個歷史人物身上看到一種歷史滄桑的痛苦與嚴峻，一種人性的掙扎與復活，一種難以死亡的良知責任感，一種負載着時代錯誤與靈魂困境的眼淚與傷感，這一切，倒使我感到溫熱與希望，而不會像那些踐踏過無數優秀的身軀而高喊「永不懺悔」的人們只給我寒冷與絕望。

憶胡繩（原題《愛怨交織的往事》）

也許是愛讀書的緣故，也許是在大學期間就讀胡繩的成名作《帝國主義與中國政治》，因此，「胡繩」二字，一直在我的青年時代裏閃閃發光。一九六三年我從廈門大學來到中國科學院哲學社會科學部的《新建設》編輯部，當時我並不崇拜朱光潛、馮友蘭這些老專家，認定他們已屬舊時代。作為一個「紅旗下長大」的人文大學生，我心目中高懸着的是馬克思主義的學者星座，那是我內在的、隱秘的天空，最明亮的星星是歷史「五老」，即郭（郭沫若）、范（范文瀾）、侯（侯外廬）、翦（翦伯贊）、呂（呂振羽），但這五老都是學院裏的學術元老，而胡繩則是直接為黨為國立言的馬克思主義史學家，因此更是讓我佩服。那時，我把他和胡喬木、艾思奇、周揚等列為特別星座，屬我的偶像座。文化大革命開始時批判「二月提綱」，據說胡繩也是起草者，因此也進了「橫掃」之列，變成了「牛鬼蛇神」與黑筆杆子。當時，他絕對不會想到，一個在科學院《新建設》編輯部、名字叫作劉再復的「粉絲」，為此而想不通，為此而坐立不安，為此而經受了一場內心星空崩塌的大苦痛。我到哲學社會科學部幹什麼？不就是為了通過勤奮讀書、研究、寫作，最終成長為像胡繩這樣的史學家、哲學家嗎？但是他們被「揪」出來了，被放入被命名為「黑幫」的另冊。他們為我展示的人生前景如此恐怖，如此黑暗，我的天空真的「崩潰」了。

沒想到，煎熬了八九年，胡繩「解放」了，並且來到了哲學社會科學部。我和他真是有緣，他一來就直接指導我的工作。那是一九七五年，鄧小平剛剛重新走上政治舞台（一九七四年十二月毛澤東發表「鄧小平政治思想強，人才難得」的講話），而胡繩也隨之進入國務院政策研究室。原來的一批黨內主要筆杆子如胡喬木、鄧力群又被重用了。當時哲學社會科學部也成立了一個領導小組，由剛「解放」的幹部林修德、劉仰嶠、宋一平等組成（王仲方為秘書長）。不知道是什麼原因，胡喬木、胡繩選中了原《新建設》這批人馬，說要以《新建設》的班底為基礎，辦一個新的綜合性的社會科學刊物，但名字要改為《思想戰線》，主編由林修德擔任，主編之下組成一個五人籌備小組，根據時行的老、中、青三結合的原則，我竟然成了「青」的成員。籌辦這個刊物是件大事，當時大家都知道這是鄧小平要辦的一個與《紅旗》叫陣的理論性刊物，一個與極左思潮唱反的思想陣地。名為林修德主編，真正的領導者是胡喬木和胡繩。胡喬木所作的一切指示，林修德立即傳達給籌備組，一九七六年反擊右傾翻案風時，胡喬木作了檢查，我才知道鄧小平確實要辦一個能執行自己路線的刊物。胡喬木只是出主意，並未到過編輯部，而胡繩則親臨《思想戰線》的最前線，當我按照林修德的意見擬出創刊號的目錄與約稿名單後，他來到了編輯部，對着我們的籌備小組發表他的看法。他說，創刊號應當把哲學社會科學部各學科第一流的學者請來亮相，登他們的文章。目錄的選題不錯，但一流的作者太少。我仗着年輕，就問，目錄上的約稿名單已有任繼愈、唐弢、馮至等，您覺得還應當約請誰，沒想到他立即就回答說：請錢鍾書、何其芳、李澤厚嘛！他還指示我們：關於批《水滸》的討論，可以組織不同意見的文章，但要在學術的層面上討論。聽了胡繩的指示，第二天我就去找何其芳、李澤厚約稿。這是我第一次面對胡繩，也由此因緣，我第一次找到了何其芳與李澤厚（我還把胡繩的講話告訴李澤厚，李聽了很高興）。這之後，胡繩又來了多次，每次都是對已送來的稿件發表意見。因為有這一上下級共同工作的機會，我才認真地觀賞了自己昔日的偶像，覺得他很和藹可親，謙虛又能決斷。也許因為積澱於身上的親切感，我竟然向他要了住處地址和電話，而他竟然給了我，說李澤厚到過我家，你可以問他。可是，沒想到「批鄧反擊右傾翻案風」很快就來臨，籌辦《思想戰線》成了鄧小平翻案的一項罪證。我是刊物的籌備委員，本就有問題，而更直接地被抓住「把柄」的是與林英兄（歷史研究所思想史組的研究員，當時被借用來協助辦刊物）到福建組稿時大講北京緬懷周總理的情況。福建為此派了五個人來北京調查，把林修德嚇得夠嗆。當時我又仗着年輕，就告訴林修德，說關於《思想戰線》的事，特別是諸位領導同志的指示，我一個標點也不會「交代」。也許因為這段時間表現好，所以「四人幫」一垮，我便特別受到器重，被通知和一些軍隊幹部進駐《紅旗》雜誌工作，參加撰寫批判「四人幫」的文章與社論，每天都忙到深夜兩點，也每天都在深夜裏飽食一頓豆漿油條後才去睡覺。那段日子真美，不僅吃得好睡得好，還充滿「勝利的喜悅」。大約半年之後，我又回到了社科院，並被「重用」，放入鄧力群親自主持的院部寫作組，日夜討伐「四人幫」。那時胡喬木已任院長，副院長是鄧力群和于光遠，周揚則擔任顧問。當時全院上下老少同仇敵愾，致力於撥亂反正，製造輿論，支持鄧小平上台。胡喬木、鄧力群以寫作組為基地召開鼓吹思想解放的「雙周座談會」，他們鼓勵大家「暢所欲言」，有什麼想法就儘管「放」，一旦出什麼問題，他們會承擔全部責任。在一九七七、一九七八年之間，胡喬木、鄧力群、于光遠他們那種敢說敢擔當的氣概給我留下很深的印象，可惜之後不久他們就分道揚鑣了。我個人則經歷了人生中一段最開心開懷的日子。

沒想到，在我們意氣風發的時候，胡繩卻碰到了一件「倒霉」事（吳全衡大姐之語）。他因為在國務院政研室工作（不像胡喬木、鄧力群直接對鄧小平負責，而是直接擔當華國鋒的筆杆子），徘徊在「兩個凡是」和「實踐是檢驗真理唯一標準」的大辯論之間，態度曖昧，以至於被視為「兩個凡是」的支持者。沒想到「兩個凡是」恰恰是阻擋鄧小平恢復工作的最大障礙。這可不是小事，鄧力群的雙周座談會以及種種理論務虛會便大批「兩個凡是」論，批了一陣，果然是華國鋒時代結束了，鄧小平重新走上歷史舞台。對於這種翻天覆地的變化，我自然是高興得「上躥下跳」，在社科院主樓寫作組辦公室裏又寫又說，又熱烈表態，但胡繩卻再次陷入困境。當我在寫作組裏聽到議論說，胡繩是「兩個凡是」理念的炮製者之後，立即想到，應當去看看他，於是，我立即步行到東單史家胡同二號。走了一個多小時，一進門就見到吳大姐。大姐見到我，特別高興，

第一句話就說：「你和李澤厚，不管什麼時候都來看我們。老胡就在裏邊，他最近情緒很不好，害怕又要被揪出來。」這個「揪」字，吳大姐講得特別響亮，可我最不喜歡聽的就是這個「揪」字，聽了十年，還沒聽夠嗎？於是，我立即「反駁」吳大姐：現在是什麼時候了，怎麼還會再揪人，更不會揪胡繩同志。絕對不可能！我說得斬釘截鐵。說完就走進胡繩的書房，他讓我坐下，臉上雖有笑意，但缺少光澤。不等他問話，我就直截了當地說：「現在形勢特別好，胡喬木、鄧力群同志又掌權了，他們對您很好，什麼事都沒有，您放心吧！」我當時講話的口氣特別大，這大約是因為那時我一直處於亢奮狀態，一直為打倒「四人幫」這事而激動不已。胡繩聽我一番慷慨陳詞之後就問我學部的情況，我自然是事無巨細地把所聞所見全部掏空給他。他聽完後挺高興，說他最近又在整理舊稿，寫作新書，準備把《中國近代史》寫出來。說完帶我看了看他滿屋的藏書。所有的房間、過道都是書，有些書架太矮，我就蹲下來看，或趴着拚命翻閱。當時我真是羡慕極了。出門後我一路上走，一路上想：這麼一個有思想、有才華的黨和人民的代言人，怎麼到現在還老是想到一個「揪」字呢？一路上，我的腦子全被這個「揪」字揪住了。

因為牽涉「兩個凡是」，所以從七十年末到八十年代初的三四年裏，他經歷了一段政治上的寂寞，卻建造了他自身史學研究上的第二座里程碑，完成了《從鴉片戰爭到五四運動》的寫作。這段時間我總是把自己剛出版的書籍或剛發表的文章寄給他，也藉此向他問候。一九八三年，《從鴉片戰爭到五四運動》由三聯書店推出，他簽名寄贈一套給我，是從郵局寄到我的勁松家的。我收到後立即就開始拜讀，其中關於辛亥革命前後的細節，到了這時我才真明白。他的文筆真好，讀他的書就像讀小說。那時我還沒有「告別革命」，對他的全部論述只是接受，沒有質疑。直到我出國之後再度閱讀時，才發現他完全懸擱近代史中「建構現代文明」這一線索，視洋務運動和改良運動為「死胡同」，把近代史描述成三大革命（太平天國革命、義和團革命和辛亥革命）的單線歷史。我讀後充滿和他商討的衝動，但只是寫了閱讀筆記和批評提綱，一直未寫成論文。我總是把人與理念分開，對於越敬重的人，越想和他商討。商討雖是批評，但也是請教。

記得一九八四年三月召開的人大、政協年會期間，我在人大會堂的大廳裏見到了胡繩（他只是全國政協委員），那是會間休息的時候。他當時的精神很好。「兩個凡是」案已經放下，新史著已經出版，危機已被新的學術成就所替代，他的精神重新煥發起來了。我們談得很熱烈，第二次入場的會議鈴響之後，他的談興正濃，就說，沒什麼好聽的，我們還是坐在後邊說話吧。他的建議正中我的下懷，自由主義慣了的我，連說幾個「好」字。於是，我們坐在最後一排（最後幾排沒有人）小聲又熱烈地聊了起來。談起社科院的情況時，他非常熟悉，嘲笑建立社會學研究所是「沒有和尚先有廟」，「一個空廟沒什麼意思」。這兩句話我是記住了。因為當時我沉浸在忘年之交的情感中，沒有把這句話和他過去曾指責資產階級社會學復辟的理念聯繫起來（在《棗下論叢》中他把社會學全都界定為「資產階級社會學復辟」）。在此次交談中，我特別和他談起李澤厚要求入黨而哲學所的黨支部卻不接納的事。我說我已在一九七八年入黨了，李澤厚也申請，但哲學所黨支部討論時卻用一些古怪理由，如他從不去打開水等加以拒絕（當時每個房裏都有集體用的熱水瓶，每個人都必須主動去打開水）。我還特別和他講了我們所（文學所）錢碧湘（我的同事與朋友）說的一句妙語：我有兩個不理解：一個是李澤厚為什麼要申請入黨；另一個是既然他要求了，為什麼黨又不批准？胡繩聽後笑了，說：不讓李澤厚入黨是不對的，李澤厚至少可以說，他不走邪門歪道嘛。沒想到，過了一年多，胡繩被派到社科院當院長兼黨組書記。他果然記得我說的這件事，就與哲學所的黨委書記孫耕夫打招呼，應當歡迎李澤厚入黨。但李澤厚早已撤回申請書，此後就不再申請了。不過，胡繩還一直欣賞着李澤厚的過人才華，讀了李澤厚的《美的歷程》，還特地寫信給李澤厚，說他特別喜歡關於蘇東坡的那一段論述，蘇東坡不僅迴避政治，而且逃避社會。後來李澤厚當上了全國人大代表，也是在胡繩當了院長之後。

我是一九八四年年底被選為文學研究所所長的，當時的院長是馬洪。我對馬洪院長夫婦印象極好（馬洪的夫人是中國社會科學出版社的奠基人，第一任社長，推出我的《魯迅美學思想論稿》），他們對我又器重又關懷，因此胡繩的到來我並不感到特別興奮。不過有一段情誼在，我還是指望胡繩能扶持。挑上所長這一擔子實在太重，用吳世昌先生的話說：再復，你膽子真大，也敢當這個所長！期望「扶持」，不是期望「提升」，而是期望「保護」。我知道自己完全不適合於做行政工作，當了所長之後，常想起瞿秋白《多餘的話》中所自嘲的「犬耕」形象。

可是，所長換屆之後院長也換屆，胡繩和我都是「新官」，都想把工作做好。我做的第一件大事是在一九八六年一月二十一日召開紀念俞平伯先生誕辰八十五週年、從事創作活動六十五週年的大會，規模很大。會前發出四百份通知，還發到全國各地，當然也發給胡繩和幾位副院長。會前幾天，所辦公室通知我：胡院長有緊急事找你，讓你立即到他的辦公室。我放下筆，匆匆下樓梯跑到他的辦公室。我一進門，他就怒氣衝衝地從沙發上站起來說：「再復同志，你就是自由主義，開俞平伯的會，這麼大的事，通知都發出去了，我剛收到通知。連個請示報告都不寫。你忘了毛主席的批示了嗎？怎麼辦？」他滿臉通紅，着實生氣了。看他氣得這個樣子，我只好裝糊塗說，我當所長不久，不知道開這種會還得寫請示報告。其實，我和何西來等幾位副所長早就明白，一旦寫報告，會肯定開不成。胡繩聽我辯解，更生氣了：這是毛主席定的案，能不請示嗎？他這麼一說，我又只好裝傻跟着說了幾個「怎麼辦？」。他說：你通知都發到全國了，還能怎麼辦？趕緊補寫一個報告，呈交中宣部。我立即說我不會寫這種報告，他看了看我，或是相信我的話，或是擔心我寫得不好問題更麻煩，就說：那就由我替你寫一個報告吧。我連忙握着他的手激動地說：「胡繩同志您真好。」我如釋重負，趕緊往外走。到了門邊，他又把我叫住：等等，俞先生的會我還是會去參加的。這可把我高興死了，我立即「得寸進尺」地說：你可得講講話。他點點頭：講幾句吧。在胡繩的支持下，紀念俞先生的會成功召開了。那天坐在主席台上的，除了俞平伯、胡繩和我，還有劉導生、錢鍾書等先生。

會議氣氛熱烈極了。散會時，錢先生從人群裏擠過來，在我耳邊悄悄地說：「會開得太好了！」

仗着過去的情誼，我常常直接闖入胡繩的院長辦公室。一九八六年初我的《論文學的主體性》在《文學評論》上發表之後不久，他讓秘書打電話找我去，見面就說：你看到《光明日報》的一篇《春天的反思》文章沒有？是針對你的。我拿過來一看，就說：您不要支持他們！他有點不高興。過了三天，他約我到他家（新家在木樨地的公寓裏）。那天吳大姐也在家，見到我時非常高興，說你們在這裏好好談談，有電話來我會擋住。胡繩和我對坐在兩張沙發上，邊上是他的辦公桌，一坐下來他就指着滿桌的信件說，你看，滿桌都是控告你的信。我從沙發上站起來瞄了一眼，看到除了信件、文件之外，還有一本刊載《論文學的主體性》的那一期《文學評論》，文章上畫了許多紅杠杠，還有我看不清的許多眉批文字，顯然，他是認真讀了我的文章才找我談話的。我當即意識到，今天下午我將會與我往日的偶像進行一場論辯，必須藉此認真闡釋自己的學術理念。

胡繩開門見山地說，我不贊成有些人對你政治上綱，但也不支持你的觀點。你的主體論與胡風的主觀論有什麼區別？我看沒有太大區別。我是批判過舒蕪的主觀論的，不會同意你的論點。我聽了之後，不說半句敷衍話，就直接答辯說：「主體論確實強調作家的內心和內在主觀宇宙，但不等於就是主觀論。主體是指人、人類，既有個體主體性，也有群體主體性。個體與群體的歷史實踐，尤其是人類整體歷史實踐，是主觀活動，更是大客觀活動。我雖強調個體主體性，但也是指主客體關係中的主體能動性，並不否定關係中客體的那一面。再說，主體論即使涵蓋主觀性，也不應當因為胡風說過就覺得不對。」聽了我這些話，胡繩開始激動了，臉色漲紅。我知道他寫過批判主觀論的文章，這些話不能不刺激他。於是他又說：照你這麼看，文學反映論也不對了，也該推倒了。我說：我講主體論正是為了用主體論取代反映論，這個哲學基點不變，我們只能跟着蘇聯的教科書跑到底了。關於主體與主觀的問題，來回辯了一個小時左右，聲音越來越大，以至於讓吳大姐跑到門口看了兩回。這個問題討論完之後，胡繩又嚴肅地說：「我問你，列寧的文學黨性原則難道也不對嗎？你講的超越性不就講超越黨性嗎？你是一個共產黨員，帶頭質疑黨性，可以嗎？」我又認真地回答：「作為現實主體的黨員，當然應該講黨性；但從事文學活動，黨員不應當以現實主體的身份去參加，而應以藝術主體的身份去參加。現實主體講黨性，藝術主體則要講個性。我說的超越性，是指對現實主體的超越。」看到我針鋒相對，寸步不讓，他的嗓門提高了：「總之，你的主體論是會腐蝕集體主義原則的。別人的意見你應當好好聽聽。」一說起別人，我更亢奮了，就說：「我就是不愛跟別人跑。」聲音太大，把房外的吳大姐驚動了，她跑過來問：「怎麼回事，吵得這麼兇！？」胡繩從沙發上站起來，我也跟着站起來。他安慰吳大姐說：「沒什麼，我和再復討論問題，討論得很認真。你看再復還送我們一瓶水仙花。」他把水仙花從桌上提起，放在吳大姐手上，吳大姐眉開眼笑地說：「我就喜歡你們福建的水仙花！」

在家中的這場辯論之後，我才知道胡繩在理念上是站在我的論敵一邊，因此心裏暗暗「恨」他，好幾個星期都不到他的辦公室。有什麼公事，只讓我的秘書找他的秘書。這次爭論還只是學術爭論，另一次爭論就更激烈了。激烈到「劍拔弩張」的時刻是在一九八七年反自由化的運動中。當時中央點了劉賓雁、方勵之、王若望三個人的名。社科院的幹部集訓表態了三天三夜（另租旅館集中），氣氛非常緊張。那一天，是星期二上午上班的時間，院部秘書突然通知我們，說胡繩在二樓辦公室召開緊急會議，要文學所正副所長、《文學評論》正副主編以及室主任和黨支部書記以上的幹部立即到會。如此緊急，是我擔任所長以後未曾經歷過的。一進會議廳坐下，胡繩和院黨組的幾位成員都已在座，我向趙復三、吳介民點點頭，看到他們的表情都極嚴肅，我便立即感到不妙。院辦公室的工作人員特別把我帶到長方桌中間的一個位置上，正對着桌子那邊的胡繩。我們一坐下，胡繩就宣佈，這次院黨組與文學所幹部的緊急會議，要處理一件事，就是《文學評論》這一期開天窗的問題。我一下聽不明白：「什麼叫開天窗？」胡繩繼續說：「這一期發表了劉賓雁的文章，中央文件下達後還繼續出版，文章抽出了，但目錄還留着，這不是開天窗嗎？這是當年我們共產黨對付國民黨的辦法，現在你們拿來對付共產黨啦！」一下子就上綱上線到嚇人的高度。「怎麼辦？大家討論一下吧！」胡繩讓我們表態。我兼任《文學評論》主編，自然是需要第一個表態。我說：「我不同意這樣的批評。此事只是印刷廠技術上的疏忽，忘了在目錄上刪掉。中央文件下達之後，我們請示了趙復三副院長，他表示文章拿下來就行了。《文學評論》編輯部執行了指示，通知了新華印刷廠，這之後的事我們誰也不知道。何況劉賓雁的文章本只是一篇談小說的文章，沒有什麼政治錯誤，我們能拿下來就已經和中央保持一致了。」胡繩聽了，火氣一下子上來了，瞪着我說：「你的政治敏感性到哪裏去了？劉賓雁沒有政治錯誤？你的政治敏感這麼差，那你就別當這個主編了！」原來這個會是要免我的職。「好，我本來就不想做行政工作，所長也是你們要我當的，我現在就宣佈，我不僅不當《文學評論》的主編，也不當文學所所長了。」胡繩沒想到我如此頂撞，氣得連忙劃火柴抽煙，激動之下，竟把煙頭倒過來了，拿火柴的手顫抖着說：「我只說《文學評論》

主編不要當，沒說所長不要當！」這時，《文學評論》編輯部主任王信舉手要求發言，他的第一句話就講，再復同志講的是事實，我們通知了新華廠，而且劉賓雁的文章並不牽涉政治。聽了這話，胡繩忍不住打斷王信的發言，問道：你是不是共產黨員？王信回答說：不是。胡繩立即表示：好，你不是共產黨員，這次反自由化不牽涉非黨同志。王信繼續說得有條不紊。我當時非常激動，其他人的發言我已記不住了，現在只記得散會時我嚷了一句：「我回去就寫辭呈，不幹這個所長了。」第二天，我便向院部遞交了辭呈。這個下午的爭吵成了院裏的大新聞，我每天都接到許多支持的電話。大約過了五天，趙復三副院長找我，說黨組開了會，胡繩同志表示收回那天對你的批評，你也收回辭呈，還當所長、《文學評論》主編。你現在身體不好，黨組決定讓你到南方休息兩三個月。為了慎重起見，明天就召開全所幹部會，讓我宣佈黨組的決定，把剛才這些話告訴全所，你可以正常工作了。趙復三的態度非常誠懇。我真沒想到胡繩會收回他的批評，那一刻，我不僅怨恨全消，而且覺得我昔日的偶像身上還保留着一種未被政治異化掉的書生人性。於是，我對趙復三表示，我願意到廣東休養三個月，那一天我也太激動，請胡繩同志也別生氣了。這之後，我曾把此事的經過告訴北大的王瑤教授，他說：在黨的高層領導人中，胡繩算是很難得的。在這之前的一九八五年，聶紺弩還拿出胡繩給他的贈詩以及他的和詩給我看，也說胡繩是個老實人，只是當了領導，不能不執行指示，說「開天窗」的重話，出處肯定在上頭。《文學評論》事件後，我更認同聶老的這個評價。

一九八七年秋天，我從廣東休養回京後，胡繩約見了我，並交給我一份新的聘書，讓我當社科院文學語言片學位委員會的召集人，也就是中國文學所、外國文學所、少數民族文學所、語言所等四所學位委員會的負責人。委員會由馮至、吳世昌、唐弢等幾位著名學者組成。這個學位委員會是裁決誰可擔任博士生導師和最後通過博士學位的學術機構，權力很大。這份聘書我至今還保留着，但從不張揚，只把它看作胡繩對我的信賴。第二年又有一件事使我感到溫暖。一九八八年，中央決定打破歷來人文科學與社會科學只有「挨批」的倒霉地位，想舉辦一次全國性的文史哲徵文比賽，以表彰優秀的社會科學工作者，此事對社會科學院構成了巨大的壓力，如果幾個大所拿不到一等獎，就有失「面子」，因此院領導十分重視，討論了一下，決定文學所一定要我寫一篇論文，由副院長汝信通知我。當時我也覺得必須盡點責任，便想了一個題目，叫作《論八十年代文學批評的文體革命》，正要着筆，又想到胡繩對我的主體論的批評，便猶豫起來，就跑到辦公室問胡繩，說我選這個題目，你覺得合適嗎？沒想到他的態度極親切，說：「這回你要放開手筆寫，不要管別人的意見，你選這個大題目，關鍵是要能駕馭得住。」聽他這麼一說，我更有精神了，就在勁松寓所裏閉門謝客，三易其稿，終於寫出了近兩萬字的論文，而且獲得一等獎，並得到五千元獎金（我把獎金都贈給了文學所何其芳青年文學基金會）。當時全國各大學、各社科院共應徵寫出了將近一千篇論文，有二十二篇得了一等獎，分佈於各學科，文學方面有兩篇得一等獎，其中一篇就是我的「遵命論文」。消息公佈後，錢鍾書先生特意寫給我一封賀信，說我的文章「有目共賞」，讓我高興得一個晚上睡不着，覺得錢先生的四個字，一字千鈞，是對我最高的獎勵，獎金獎狀倒在其次。頒獎儀式很隆重，發獎人是胡啟立、芮杏文、王忍之、胡繩，我對坐在身邊的科研局副局長陳韶廉說：「我不要部長給我發獎。」陳韶廉低聲對我說：「你不要胡來，我馬上到後台去告訴他們，請胡繩給你發獎好了。」果然，我從往日的偶像手裏接受了獎品，並向他深深鞠了一躬。

另一次是胡繩召開討論紀念五四運動七十週年國際學術討論會的籌備會，人文學科的各所所長都參加了。那次會上，胡繩思想非常開放，說應當請錢穆、夏志清先生都來，不管過去持守什麼政治立場，只要是真有學問的，就請來。我聽了特別高興。他還宣佈了籌委名單，我也在其中。散會後，他讓我留下，只說了一句話：再復，這次會你要寫一篇有分量的論文，於是，我就寫了《五四文學啟蒙精神的失落與回歸》。這篇文章，一九八九年發表在國內的報紙及東京、香港的紀念集子中。

最沒想到的是，一九八九年我出國後，他還繼續牽掛着我。記得是這一年的冬季，原社科院美國所研究員董樂山先生來美國訪問，找到正在芝加哥大學東亞系擔任研究中心主任的李歐梵教授，說李慎之有一句重要的話要轉達給劉再復。歐梵問我要不要給董先生電話號碼，我說：「當然要給。」第二天，我接到董樂山先生的電話。他告訴我：「胡繩、李慎之，還有院部其他負責同志都很關心你，他們讓我帶給你一句重要的話：中央已指示社科院，希望你回國，但我們的意見是你不要回國。」我聽了十分驚訝，既震動又感動。那一瞬間，我感受到了胡繩、李慎之的巨大關懷。這一想像不到的暖流使我掛下話筒時還激動不已。我知道無論是中央要我回國，還是胡繩、李慎之要我暫不回國，都是好意；但胡繩除了關懷之外，還有個人情意，他和李慎之知道我腸子太直，遇事太任性，太難轉彎，一旦回國，肯定又會有一番「胡來」，肯定又會「添亂」。因此他們的意見並非「抗上」，而是在「化解」矛盾，既保護我，也免得讓「上頭」增加新的煩惱。此事在我心中震蕩了很久。我最終沒有回國，這完全是我個人的選擇；但胡繩、李慎之的厚愛，卻給我在海外的孤獨生活中，注入了人間的溫馨。此事讓我確信，在滄海的另一岸，還有許多真摯愛我的老師和友人。他們不但沒有拋棄我，而且知道我需要贏得時間，以進入深邃的精神深淵。我雖然在理念上與胡繩常常發生衝突，而且還會抱着「吾愛吾師但更愛真理」的態度繼續與他商榷一些重大論題。但是個人交往上的這些真切的情感體驗，又總是壓倒衝突，總是讓我在大海彼岸對他緬懷不已和思念不已。此刻，我在落基山下，向他崇高的亡靈致以深深的問候與敬意，不知道他能聽到和理解嗎？

懷念胡喬木

聽到胡喬木去世的消息後，我就想寫一篇悼念的文章。在他生前，除了聽他作報告之外，只和他交談過兩次，但都是在公共場合。一次是在一九八六年十月十九日紀念魯迅逝世五十週年的國際學術討論會上，開幕前。他一到會就見了我（因為我是會議的主持人），並認真地問我：魯迅給《往星中》作的序收錄在魯迅哪部書裏？我一下子答不上來，只說這是俄國安德烈夫的作品，李霽野所譯，但忘了是不是魯迅所作的序。大約一個小時之後，他聽了我的主題發言，便從主席台的右邊走到我身邊，說了一句「你講得很好」的鼓勵話後，交給我一張字條，上面寫着：

> 剛才說的《往星中》魯迅有序，是記錯了，李霽野先生告是韋素園寫的。

因為非常敬重喬木，我立即把條子收好。回到家又立即翻開魯迅書信集中寫給李霽野的信，口裏唸着信的內容：「《往星中》寫得較早，我以為倒是好的」（一九二五年二月十七日信）。心裏想着，胡喬木同志這麼忙，還這麼用心，真值得我學習。另一次見面是在緬懷吳世昌先生的追悼會上（下文再細說）。除了這兩次，還有一次最早的見面，竟是「擦肩而過」。那是一九八二年七月四日下午，我到聶紺弩家，在樓梯口見到他和一個年輕人走出來。我認出是他，但他不認得我。我不敢打招呼，只是驚訝地站着，目送他上了小車。定神後我立即爬到四樓的聶紺弩家，一見聶老就問：「剛才胡喬木同志是不是來看您了？」聶老斜臥在小床上，指指抽屜：「裏面有他剛剛送給我看的三首詩，是複印件，你看看。」我打開抽屜，立即當着聶老的面讀了起來。第一首寫道：「少年投筆依長劍，書劍無成眾志成。帳裏檄傳雲外信，心頭光映案前燈。紅牆有幸親風雨，青史何遲辯愛憎。往事如煙更如火，一川星影聽潮生。」第二首：「幾番霜雪幾番霖，一寸春光一寸心。得意晴空羨飛燕，鍾情幽木覓鳴禽。長風直掃十年醉，大道遙通五彩雲。烘日菜花香萬里，人間何事媚黃金。」第三首：「先烈旌旗光宇宙，徵人歲月快驅馳。朝朝桑壟葱葱葉，代代蠶山粲粲絲。鋪路許輸頭作石，攀天甘獻骨為梯。風波莫問蓬萊遠，不盡愚公到有期。」詩的下邊還寫着「紺弩、周穎同志留念。胡喬木一九八二年七月四日」。聶老聽我讀完就問：「喜歡嗎？」我立即回答：「喜歡！」聶老說：「那你就拿走吧！」我說：「那就不客氣了。書劍無成眾志成，這句寫得真好。」聶老說：「喬木是共產黨高級幹部中最有才華的。」我知道聶老也是欽佩胡喬木的，所以他的詩集《散宜生詩》才有「胡序」。一九八九初夏我離開北京，匆忙中跑到書房裏抓了一把珍貴書信，其中有錢鍾書、冰心、聶紺弩的，沒想到胡喬木這四首詩也夾在裏面，於是，這些詩篇也跟我一起浪跡天涯了。

儘管和胡喬木沒有私交，但是我一直感到和他有一種忘年的神交，並感到在一九八四年我發表一系列關於「性格組合」文章之後他的目光一直注視着我。一九八五年，他的兒子胡石英在民族文化宮的飯店裏特請我和汪曾祺、劉心武吃飯。一見面石英就開門見山地說：「我父親希望我和你們交朋友。」說得很誠懇。那一瞬間，我感受到胡喬木的熱切的眼光。不過真正感受到他的關懷還是漂流到海外之後。

一九九〇年還在芝加哥大學的時候，幾位國內的朋友告訴我，說胡喬木多次保護我和李澤厚，說他對前北京市長陳希同在「平亂報告」中的胡亂點名很不滿意，特別是點了我和李澤厚的名。他對一些朋友說：李澤厚和劉再復是搞學術的，這次被捲入了政治，也不能隨便點他們的名。胡喬木的這一鮮明態度，王蒙在回憶喬木的文章中曾經記載。除了向王蒙表示過，他還多次在社會科學院裏說過。

聽了這消息後我是很感謝的。我也知道在這個時候發出另一種聲音不容易。一九八九年的夏秋，在中國是個不尋常的時間，到處彌漫着恐怖的空氣。陳希同本人自然很輕，不足掛齒，但他的報告挾持國家名義，其勢卻很重，無法忽略。在那樣的時候，地位再高的人都面臨着「立場錯誤」的罪名。因此，即使是平常呼籲要人們講真話的作家政治家，到了這個時候也說不出話來。在這種特別的歷史時間中，胡喬木能站出來為我和李澤厚說話，為兩個正在被討伐的思想者仗義執言，確實難得。只有了解中國國情的人，才知道在這個時候發出另一種聲音、表達另一種情懷意味着什麼。

我和故國隔着滄海大洋，萬里之外傳來的消息無從證實，但我一聽到胡喬木關心的消息，立即就相信，因為這種關心已經不是第一次了。早在一九八七年反自由化運動中，他就多次保護過我。那時《紅旗》正在拿我祭旗，批判我的主體論。社會科學院黨組正打算為《文學評論》的「傾向」而撤銷我的主編職務。胡喬木知道這些後，站出來為我說話。這一年八月三十一日，吳世昌先生去世。幾天後社會科學院在八寶山為吳世昌先生舉行葬禮，胡喬木和習仲勳、鄧力群、胡繩、周谷城等都去參加。在休息室裏，我作為吳先生所在工作單位的負責人，前去向他們致意。當我走到胡喬木跟前的時候，他從沙發上站起來（胡繩和吳介民也跟着站起來）對我說：「這幾年你寫了一些很好的文章，我很高興。你的《性格組合論》是符合辯證法的，肯定站得住腳。主體論也寫得很好，但剛剛提出問題，總會有爭論。有爭論不要緊，我支持你的探索。」我聽了之後很高興。這之後大約五天左右，我又接到錢鍾書先生的電話，讓我立即到他家裏。我一見到錢先生，他就說，剛才喬木到這裏，他說他支持你的探索。錢先生顯得很高興。他平素很少理會這類事，但這次特別。他和胡喬木私交很好，胡喬木常住在釣魚台，離錢先生的寓所很近，到錢先生家時還常穿着拖鞋。這次他對錢先生再次表示對我的支持，說明他在八寶山殯儀館對我說的那一番話是真誠的。大約又過了一個月，王蒙給我打電話，我恰好不在家。過了一會兒，當時的《文藝報》主編謝永旺又來電話，說王蒙委託他轉告我，昨天在中央開會時，胡喬木對他（指王蒙）說：「劉再復的《論文學的主體性》，寫得很好，我非常喜歡。」這是我在反自由化運動中第三次聽到胡喬木支持的聲音。因為一連三次，我便覺得胡喬木決心保護我渡過新的政治關口和保護我的學術探索，態度很鄭重。中國的政治運動，隨時都會把人吞沒，錢先生、王蒙他們也怕我被吞下去，所以一聽到胡喬木說話，就鬆了一口氣，立即告訴我，其心意也很重。那時我一面感激，一面也不禁自歎：寫了幾篇學術文章，為什麼就面臨如此的深淵？中國社會科學院除了重複領袖語言之外，總得發出一點屬自己的聲音，而我只說了一點自己的話，就這麼危險嗎？但細想起來，也真有危險。原經濟研究所所長孫治方，革命資格那麼老，就因為說了要按經濟規律辦事的話，不就被送進監牢了嗎？中國的監牢沒有知覺，它不會拒絕飲啜知識分子的腦汁與膽汁。

儘管我明知胡喬木的保護是真的，但李澤厚出國之後，我還是特別問了他。李澤厚說，是真的，而且不止一次。聽了李澤厚的證實，我才知道在中央電視台播放錄像點了「動亂精英」之後，胡喬木也坐不住，他立即給李澤厚打電話說：「你不要緊張，我會說話的。」後來，果然多次說話，還特別約請李澤厚、王蒙和他一起到冰心家，可惜找不到李澤厚。在高級幹部中，恐怕也只有胡喬木認真讀過李澤厚的著作，一九八七年，當胡喬木讀了李澤厚的《批判哲學的批判》（修訂本）之後，非常高興，給李澤厚寫了一封信，說：「可惜我讀得太晚了。」話說得很誠懇。

到海外之後，才知道胡喬木仍然背着「極左」的名聲，不少文字仍然抨擊他。讀了這些文章，總覺得他們把胡喬木有時理解得過於簡單，有時又理解的過於複雜。其實，胡喬木並不是一個那麼簡單的所謂「極左派」，也不是一個複雜得佈滿心機的政治家。他是個很有才華的思想者，又是一個沒有自由的筆杆子。前者佔上風時他像一匹駿馬，後者佔上風時他卻像一頭馴良的老牛。但不管怎樣，在他的性格深處，一直還保留着書卷氣。在中國數十年的政治狂風巨浪中，能保留一點未被風浪捲走的書卷氣，就很不容易。這也足見其性格中真誠的一面還是堅韌的。但因為有書卷氣，也就難免在政治風浪中把握不住自己，搖擺於兩端。我在文化大革命後期，參加籌辦與《紅旗》抗爭的刊物《思想戰線》時，就看到他作為這一刊物的設計者而不斷左右擺動。到了「反擊右傾翻案風」開始的時候，本是鄧小平熱烈支持者的他，卻驚慌失措地揭發了許多鄧小平的言論，印發出來，竟有數十頁，使人讀後又困惑又惋惜。可是，鄧小平並沒有因此而拋棄他，反而把他推向中國思想文化界的領導地位。我想，鄧小平是了解這位黨內大才子的書卷氣的，而且了解，在中國共產黨內，除了毛澤東，沒有另外一個人的學識可以和胡喬木相比。

我曾與許多海外的朋友直率地談論胡喬木，但他們常懷疑是因為他保護過我所以我才替他說話。這種時候，我總是嚴肅地告訴他們，我當然不忘保護的情意，但情意不能代替理性評價。而且從保護我這件事中，的確可以看到他雖是高級筆杆子，但還是沒有被異化成政治機器。在中國，一旦當上「筆杆子」，就要被異化成機器，很難有屬自己的心靈和屬自己的聲音，而胡喬木能有自己的聲音就很難得。何況我對胡喬木的評價，並不僅僅是因為他保護過我。其實，早在六十年代我讀他的詩詞之後，就很敬重他。在山東勞動鍛煉時，我就能背誦他的許多的詩句，如「與眾悲歡，始信叢中另有天。」「攀山越水尋常事，英雄不識艱難字，奇蹟總人為，登高必自卑。」這些詩句一直幫助着我咽下窩窩頭、「瓜菜代」而度過那一段勞動過於艱辛的歲月。他當中國社會科學院院長期間，可能是他的生命達到高峰的時期，那時他的思想真是活潑，可以說是當時思想解放的先驅。我聽過他的「反對長官意志，按經濟規律辦事」的大報告，也聽過他關於文學研究的許多小報告，留給我印象最深的是在七十年代末一次關於魯迅的研討會，那時還沒有把魯迅從神壇上請下來，包括我自己在內的研究者們還蒙昧地以為把魯迅捧得越高越好，而他的講話題目則是《不要以謳歌代替研究》，可說是擊中要害。那時的文學研究，除了謳歌魯迅，就是謳歌毛澤東詩詞、謳歌一切「革命詩人」和「革命作家」，他這麼一提醒，非常及時。

胡喬木擔任社科院院長期間，在知識分子中威信很高，可惜他很快被調到中共中央書記處。到了那裏之後，地位是提高了，但威信卻降低了。特別是在「清除精神污染」的運動中，他充當前台領導人的角色，批判了周揚和王若水的「異化」理論，這使他的威信從山頂掉落到谷底，「極左」的惡名也從此與他糾葛不清。但是，據說他批了周揚後不久，又寫了一首詩贈給周揚，意思是雖然子彈打到你的身上，但我的心裏也流淌着血。倘若是事實，也說明他內心實在太矛盾、太複雜。黨性與人性的衝突使他的人格常處於分裂狀態。當然，這種分裂比起那些整了人之後還得意揚揚的完整政客好得多。經過幾十年階級鬥爭的訓練，這種政客踐踏了人，包括踐踏了師長、朋友，已毫無心理障礙和不安，而胡喬木卻感到不安，所以在他威信低落的時期，我仍對他懷着敬意。看到胡喬木在知識群中威信的浮沉起落，我和社科院的一些朋友都覺得，他要是一直留在社科院工作就好了。這個環境可以使他作為思想者的色彩加濃，在學術組織、學術思想上多做建樹，又減少他的政治「筆杆子」的色彩。他自己似乎也是這樣想，所以離開社科院之後，還一直兼任「名譽院長」和大百科全書的總主編。據說，他還講過，「我死也要死在社會科學院。」他對我和李澤厚特別關心，大約與我們倆是社科院的「老地保」有關。

緬懷胡喬木，才感到故國瓊樓玉宇中的一點微弱的愛意與暖意，而且也因此想到，在人間，最好還是不要苛求人的完美，一苛求，就會有所排斥。禪者早已悟到，人的性情如雙掌合一，一掌為正為陽，一掌為負為陰，兩掌合一才是正常的。人因為有負面而不完善，不完善才正常。以為人可完善，乃是一種幻想。去掉虛幻之求，才有寬容。胡喬木在世時，一定也這麼想過，所以在他安息之後，我更是這麼想。我相信寬厚的人間一定也會給喬木的靈魂報以諒解和愛意，祝他的靈魂永安永在。

第十章

與兩任中宣部長的「頂撞記」

二〇一一年在德國柏林牆前面

我從廈門大學畢業後到北京工作，一直和中宣部關係密切。因為我所在的單位《新建設》雜誌就直屬中宣部管轄，執行主編吉偉青本身就是中宣部的重要幹部（後來還當了中宣部辦公室主任），所以工作時經常可以聽到中宣部部長、副部長的指示。《新建設》還辦了一個專門給中宣部領導人看的內部刊物，主要是刊載一些著名老學者、老專家的言論，我所在的文學組就曾提供朱光潛、吳世昌、周谷城等人的「簡報」。我雖沒寫過，但讀過吳世昌先生不同意陸定一部長關於「越是精華，越要批判」的指示而發的「牢騷」，和周谷城對批判「時代精神匯合論」的不滿言論，至今我還記得他說：「我就說了那麼幾句話，把我批得鼻青臉腫了。」我當時總是站在中宣部一邊，記得我還特別說過：「陸部長的指示很有道理，越是精華，影響就越大，就越要批判。」每次小組討論，我都顯得很左傾，「政治」上很正確。

沒想到，一九六六年，文化大革命一開始，毛主席就發出最高指示：「中宣部是個閻王殿，要打倒閻王，解放小鬼！」中宣部應當由「部」改為「科」。

於是，《新建設》在副總編輯劉亞克的率領下，就到中宣部「造反」，我也因此第一次到了中宣部「府內」。那時中宣部部長已換了張平化，原來的部長陸定一和副部長周揚、林默涵等都已被「揪」出來，全成了「黑幫」，唯有一位副部長張際春還在位，並被派往哲學社會科學部充當工作組組長。張際春到學部後，我誤以為他是毛主席委任的「左派」，對他十分信任，曾向他的工作組組員彙報思想，結果被揭發出來，說我曾站在「資產階級反動路線」一邊。但因屬年輕幼稚，不予追究。總之，我和中宣部的關係一直不錯，周揚被揪鬥，被當作反革命修正主義文藝黑線的代表人物，我內心十分同情，但從未替他辯護過。

「四人幫」垮台後，我儘管成了周揚的「筆杆子」，但對中宣部也無褒無貶，無愛無恨。直到一九八一年夏天，因為時任中宣部部長王任重拒絕採用我為周揚起草的《紀念魯迅誕辰一百週年的主題報告》，我才不得不挺身而出，頂撞王任重的意見。這實在是不得已的爭端。

爭論的焦點是報告的基調。我作為起草者，完全遵循周揚的意見：「這回要寫出一篇比較平和的、科學性較強的報告。」他還指示說，就以毛主席在《新民主主義論》所講的建設「大眾的、科學的、民主的文化」為綱，說明魯迅的方向就是中華民族文化的方向。我覺得周揚的思路很對，文化大革命剛結束不久，火藥味尚未散盡，在此語境中，強調「科學」沒有錯。

於是，我和張琢（哲學所研究員，我的好友）起草報告時便刻意寫得平和一些，突出魯迅理性的一面。沒想到，王任重在北京醫院召開緊急會議時，完全否定我們起草的報告初稿，他說：這個報告，作為個人文章，可以發表，但作為黨的報告，那不行，沒有戰鬥性，一句批判「資產階級自由化」的話都沒有。而且，還講什麼「作家良知」，這完全是「資產階級人性論」。聽了這話，我一下子就明白，王任重要我突出「戰鬥性」，而周揚強調「科學性」，這是兩種不同的思想路線。大原則不應含糊，我認為，當時不應當強調「戰鬥性」，王任重部長錯了！我和張琢起草的報告基調則是「科學性」，遵循的是周揚思路，這就免不了與王任重產生衝突（詳情參見拙文《周揚紀事》）。初稿被否定之後，王任重指示林默涵另組一個寫作班子，重新寫一篇。我賭氣，想把稿子立即拿到《人民日報》發表，但周揚說：等等，說不定還得用這個稿子。果然，過了幾天，紀念魯迅誕辰一百週年籌委會主任鄧穎超肯定了初稿寫得很好，只要在提到作家處加上「革命」兩個字就可以用了。鄧穎超一言九鼎，王任重只好重新肯定我們起草的報告初稿。此次和王任重的爭端，完全是公事，但流傳甚廣，周揚也因此對我留下一個好印象，他的秘書露菲到我家時說：「周揚同志說了，沒想到劉再復還很能戰鬥，他不是風派。」

對王任重的「頂撞」，我完全沒有想到「自身的表現」，只是面對公事公理。對於大原則，我從不讓步。王任重強調「戰鬥性」，我認為「不合時宜」，而他在論述中又批評我們提到「作家的良知」，並說這是「資產階級人性論」，這又「不合事理」。魯迅是個偉大的作家，儘管他只講階級性，反對人性論，但這是他的「偏頗」，並非他的「內核」。他寫《阿Q正傳》，就只講國民性（人性論），不講階級性。況且我們的一代文學（一九四九年後的三十年文學），全陷入階級鬥爭的模式之中，這時候對「階級論」和「人性論」的論爭應當有所反思了。但王任重卻繼續把「人性論」當作毒草，把「良知」也劃入「人性論」範疇，兩項皆欠周密考慮。因此，在「部長面子」與「文學真理」兩者之前，我只能選擇後者，不得不質疑王任重。沒想到，熟讀馬列著作的張琢，比我還激烈，他縱着王任重說：列寧著作裏，至少有三十處提到「良知」，他也是資產階級人性論嗎？！我和張琢，年輕氣盛，咄咄逼人，說話像機槍，直射部長。我們想到的只是人文原則，一點也不夾雜「私心」。而王任重部長聽了我們的質疑，倒也不動氣，很有部長風度，只是緩緩地說：「你們以為自己的觀點好，那就以個人的名義拿出去發表，我可以推薦！」此事給我留下深刻印象。出國之後，每當我重新想起此事，總是有些悲傷：一個堂堂大國，連「良知」也不許講；一個堂堂大國的宣傳部長，也把「良知」說成「資產階級人性論」！良知，良知，這不就是道德底線嗎？無論你走到哪個天涯海角，雙手能不捧着良知嗎？想到這裏，我才覺得，論權力地位，我當然不能與王任重相比；但就文化知識而言，又覺得我與王任重實在不在同一層面，和他辯論也辯論不出什麼結果。

和王任重的爭端，算是我和中宣部部長的一次公開頂撞。而與王忍之的衝突，則是摻和了我個人情感的公開頂撞。王忍之上任中宣部部長之前，是朱厚澤擔任中宣部部長。朱厚澤當了部長之後，提出著名的三寬政策（寬容、寬厚、寬鬆），很受知識分子的愛戴。我也特別敬愛這位部長，說他是「新中國最偉大的宣傳部長」（參見《明報月刊》魏承思文，文中提到我的評價）。但是這個王忍之，我確實瞧不起他。他原是《紅旗》雜誌總編，而「四人幫」被捕後，我偏偏被當作最可靠的幹部和解放軍一起進駐《紅旗》雜誌社，批鬥林傑，接管《紅旗》。但新《紅旗》的數任領導人，從王殊、熊復到王忍之，我都覺得他們政治態度曖昧，左右搖擺不定，不是堅定的改革派，所以從內心深處蔑視他們。一九八六年，《紅旗》第八期發表陳涌的《文藝學方法論問題》，對我的《論文學的主體性》上綱上線，胡扯什麼我的學術文章「關係到社會主義在中國的命運」等等。當時我認定，王忍之肯定屬極左派，所以我便從支持《紅旗》的「擁旗」

派變成「倒旗」派。陳文發表之後，國內外一片嘩然，覺得左棍子又回來了！為了平衡，為了維護自己的「公允」形象，王忍之委派編輯林文山找我，希望我能寫篇與陳涌商榷的文章，以正輿論。我知道林文山是個好人，但他看不透王忍之的用心，其使命不符合實際，因此我婉言謝絕。其間，我確實講了一些挖苦王忍之的過頭話。我對文山兄說：「你說的這個王忍之是誰呵？怎麼會當上『旗手』了？我比他更早進《紅旗》，我們奪旗戰鬥時林傑很囂張，忍之同志怎麼不站出來說話？！他發了傷害我的政治文章，然後還要我為他作『學術狀』，我不會上當的！」我知道文山兄一片好意，但顧不得他的處境，只是一味「損」王忍之。人說我是「極左的天敵」，碰到極左的「旗手」，當然不會客氣。文山兄是個老實人，他回編輯部後大約照搬我的話給王忍之，據說，王忍之聽了之後，勃然大怒說，再復這個人太狂妄！不錯，當時我確實狂妄，不僅目中無「人」（王忍之），也目中無「旗」（《紅旗》）！

沒想到，過了不久，這位王忍之倒是提升為中宣部部長了。但我仍然不把他放在眼裏，他召開的需要我參加的會，我總是請假缺席。「反自由化」的會，他與賀敬之特別點名要我參加，我也稱病告假。會上，賀敬之特別問道：「劉再復同志來了沒有？」有人替我回答說：「他感冒了，請假了。」賀敬之說：「看來，文學所百分之九十的人都感冒了吧！」賀敬之的估計不錯，文學所確實大部分人都有正義感，都反對政治上向左傾斜。

一九八九年我逃亡海外，王忍之自然高興。後來他又調入社會科學院擔任黨組書記，這回，我再跳不出他的手掌心了。果然，他採取「決絕」措施，抄檢了我的家——他竟然默許「房產處」的一些人撬開我北京住房的門鎖，破門而入，把我的衣服、書籍全扔到地下室，對我進行了一次快意的報復。此事引發了一場軒然風波，馬悅然、南方朔、李澤厚、李歐梵等發表譴責文章，國外留學生群體發表「致祖國的公開信」，《世界日報》發表社論，《紐約時報》作了報道。連王元化到加拿大給我打電話時也說：「這不是土匪行徑嗎？真是官匪難分呵！！」在海外，我多次想起我與王忍之的衝突，覺得自己也有「得理不讓人」

的缺點，但這個王忍之，實在缺少王任重那種「部長風度」，心胸太狹窄，且會玩弄小動作，屬品行不端。到了王忍之時期，我與中宣部才發展到如此劍拔弩張、勢不兩立的程度！

第十一章

與姚雪垠先生的雙重官司

二〇一三年在香港長女劍梅家與劍梅及其女兒 Grace、次女劉蓮及其兒子松松過生日

王忍之和他的《紅旗》原想用「學術討論」掩蓋「政治批判」的計劃，被我打斷之後，他乾脆撕下「學術」的面紗，和中宣部的賀敬之等再次組織對我進行批判。

一九八六年，《紅旗》第二十一期發表姚雪垠的長文《創作實踐與創作理論——與劉再復同志商榷》，首次給我扣上「主觀唯心主義」和「背離馬克思主義」兩頂帽子。他在給《紅旗》編輯部編輯陸榮椿先生的信中說：

我認為劉再復同志的文藝理論的出現及其具有影響力，是在當前國內和國際的特殊條件下的時代現象，實質上是一股違反馬克思主義的思潮的產物。陳涌同志說同劉再復同志的爭論「是一個關係到馬克思主義在中國的命運，關係到社會主義文藝在中國的命運的問題」，我非常同意他的意見。這一次是錯誤思潮向馬克思主義發動進攻，然後馬克思主義者起而應戰，以保衛馬克思主義。我並且認為，這是許多年來思想戰線上一次最深

> 刻和特別值得重視的理論鬥爭，其所以最深刻和應該特別值得重視，是因為：（一）雙方面都在社會主義革命陣營之內，甚至都在共產黨內。（二）劉再復同志不是偶然寫一篇兩篇論文，而是建立了一套違反馬克思主義的理論體系。（三）劉再復同志是中國社會科學院文學研究所所長，這就使他的論文在國內和國際上增加了分量。（四）我們向外國資本主義國家的思想和文化開放，實際上還處在開始階段，目前進行一次適時的和有益的論爭，對今後更大的開放十分必要。

「主觀唯心主義」和「違背馬克思主義」等帽子，在當時的中國，將導致「思想罪」，而「向馬克思主義發動進攻」則是「政治罪」。胡風正是從被指定為「主觀唯心論」開始而最終變成「反革命集團」的「頭目」。為了自身的安全與朋友們的安全，我必須站出來作些自我辯護了。但我還是以沉默對待，我相信自己的《論文學的主體性》是符合馬克思主義精神的，我想破除的只是「教條」，而不是

「原則」。而且，我知道姚先生是四十年代走上文壇的老一輩作家，在一九五七年被打成「右派分子」，本能地對他有所同情，也心存好感。而且，他在我剛當上文學所所長時，曾親筆（毛筆）寫過一封信，讓一個年輕人到研究所轉交給我，對我十分友好。我卻對他有所冷落，因為他在信中希望我支持他在武漢成立一個「中國當代文學研究協會」（希望協會掛靠在社科院文學所），我無法接受，原因是已有一個「中國當代文學研究協會」掛靠在文學所了。我不能為了姚先生而造成兩會並立，南北對峙，從而產生衝突，所以婉言謝絕。我的拒絕，當然會引起姚先生的不愉快。本來我應回個信說明理由，但因為太忙，最終疏忽了回信。那時，姚先生因為《李自成》紅極一時，遇到我這種人與這種態度，肯定會心生芥蒂。

姚先生走向前台批判我，除了個人原因之外，還有一個原因，是中宣部有人對他的慫恿。他倒是老實，說出寫批判我的文章是賀敬之鼓動的。他坦白說：

1985年10月下旬，我在宜昌市與賀敬之同志遇到一起，談起來文藝界的各種現象，十分憤慨，批評中宣部放棄思想領導。他告訴我中宣部不能發揮強有力領導的困難情況，並且說出了令我震動的肺腑之言：「姚老，我們現在說話沒力量，還是像你們這樣在社會上有威望的老作家，站出來說話較有力量。別人也沒法將你們打倒。」是的，近幾年，即使是在中央擔任一定領導工作的同志，如果有較好的馬克思主義理論水平，在某些混亂的問題上敢說出符合馬克思主義原則的意見，就會受到無理指責，甚至不安於位。有些老作家遇到的麻煩也是一樣。艾青和丁玲都曾挨罵。我們曾犧牲了無數先烈而創建的新中國，近幾年思想理論界出現了這樣局面，能不令我們感到痛心？如果在我們這一代人的手中放棄了馬克思主義的革命大旗，使資產階級的文藝思想在共產黨領導的社會主義國家中自由氾濫，我們不僅無法對得起幾十年中千百萬為革命流血犧牲的志士和先烈，也無法對得起我們的後人。我們對歷史是不能卸掉責任的！

（引自姚雪垠一九八七年一月十七日給胡昭衡的信，《創作實踐與創作理論》第一四一至一四三頁，紅旗出版社，一九八七年十月版）

因為姚雪垠把批判我視為「保衛馬克思主義」的一場戰鬥，所以在寫了《創作實踐與創作理論》之後又寫了《繼承和發揚祖國文學史的光輝傳統——再與劉再復同志商榷》的長文（刊於《紅旗》一九八七年第八、九期），此文抓住《論文學的主體性》中的「超越性」進行批判。

在劉再復同志的代表著作《論文學的主體性》一文中，經常使用「超越」一詞，將主觀超越精神發揮到極致。比如他認為，「作家主體性的真正實現，就是作家的自我實現。而自我實現的過程就是作家對低境界的超越過程。超越的結果，導致作家的內在自由。因此，作家的主體意識，首先是作家的超越意識所造成的內在自由意識」。這些關於超越的意見，我反覆閱讀，總覺得不着邊際。一切有用的、有實際意義的理論，應該來自社會實踐。包括有天才的、有創造性的傑出作家，都是生活在具體的時代、具體的社會環境、具體的物質和精神文明條件下的人，從來不曾有一個是不食人間煙火的人，也不曾有一個能夠自由超越的人，連劉再復同志自己也不能自由超越。劉再復同志的理論，對我們理解以往的作家和指導今天的文學創作，能夠起什麼積極作用呢？

一九八七年十月，上海《文匯月刊》記者劉緒源到北京採訪我。他告訴我，姚先生在《紅旗》上發表的兩篇文章影響甚大，希望我能作出回應，即接受他的採訪。對於此事，我猶豫了數日。我知道《文匯月刊》是有影響力的刊物，要不要接受採訪，也就是對姚雪垠的「重炮」要不要給予回擊，這乃是大事。如果沉默，那會讓社會以為自己怯懦。然而，如果回應，那肯定要進一步激怒姚先生和《紅旗》這些激進的「保守派」。猶豫之後，我還是決定接受採訪。既然接受了，那就必須暢所欲言，把問題講清楚，特別是對於最敏感的姚先生的代表作《李自成》和他批評我的文章，我也完全不迴避了。現把採訪錄的幾節相關段落抄錄於下：

緒源：說到有爭議的作家，在我們中國，隨口就能舉出好幾個。但近年受到批評最多的理論家，大概就是你了。從去年年初開始，《紅旗》雜誌兩次發表了姚雪垠先生的批評文章。這些文章擺的是論戰的架勢，但沒有釀成正面的交鋒。

再復：我不準備和姚雪垠先生展開爭論，因為這樣的爭論不會有什麼學術價值。他的文章反映了一種情緒，這主要就是對十一屆三中全會以來，尤其是近幾年來的文學創作和文學批評的不滿，甚至是抵觸。他說，這些年裏文藝界出現了「建國以來從未有過的反常情況」，這種結論的極端武斷和荒謬，是無須論證的，只要憑正直的眼光和作家的良知，就可以作判斷了。正如我們前面談到過的，這幾年，文學創作從單純謳歌進入多元求索的時代，一批生氣勃勃、不拘一格的青年人參與文藝事業，打破了「萬馬齊喑」的沉悶局面，這是偉大時代對我國文藝界的賜予，一切真誠地熱愛文學事業的作家都會感到喜悅。但是，姚先生對此很不習慣，滿腹牢騷，覺得是一種混亂，一種從未有過的「反常」，由此可見他與時代的隔膜是很深的。有這種隔膜，就會產生失落感，甚至產生怨恨、忌恨，這是不難理解的。要說「建國以來從未有過的反常情況」，應該是「文化大革命」那十年，而不是這十年。「文革」那十年的文藝界被糟踏成一片廢墟，一片荒原。全部的文學藝術只剩下八個樣板戲和兩部小說，一部是描寫古代階級鬥爭的《李自成》，一部是描寫當代農村階級鬥爭的《金光大道》（我不否定浩然同志的全部創作）。「文化大革命」十年，是偽浪漫主義最猖獗的十年，是我國當代文學「最反常」、最悲慘的歲月。「反常」的帽子還是送給那個荒唐的年代比較合適。

緒源：在姚先生的文章裏，有很多地方談到了我們民族的文學傳統。

再復：這又是一個重要的問題。如何對待傳統，是正視傳統的不完善，以作為我們改革的根據和起點，還是把傳統看得「絕對完善」，連「紅腫之處」也看得「艷若桃花」，以作為阻礙改革的美妙口實，這正是我們的分歧點。從五四時期魯迅與「國粹派」的論爭開始，這個問題一直爭論不休，今後還會爭論。但有一點是肯定的，即姚雪垠先生的觀點不利於我們民族的生存與發展。我想，姚先生還是先不要給自己帶上「馬克思主義」的桂冠。《文學評論》第五期發表了六安酒廠的工人李乃聲同志就此與姚先生討論的文章，如果有興趣，不妨找來看看。我覺得酒廠的工人非常清醒，並不「醉」與「迷狂」。

緒源：剛才，你從心態上，從基本的立足點上，指出了姚先生文章中的毛病；你能否再從思維方式上，從論證的方法上，作一些深入的剖析呢？

再復：如果一定要從學術上來分析，那麼至少有一點，他是無法令人信服的。他在論證禮治秩序及「存天理、滅人欲」等觀念無礙我國文學發展時，講了一些歷史故事和我國的文學現象。而在文學理論分歧的幾個實質問題上，在駁難我的觀點和闡述他的論點時，主要的論據是他的創作，即他的《李自成》。這就造成了一個根本的局限。因為自身的創作現象，僅僅是一種局部的經驗，而理論恰恰是對局部經驗的超越——它必須着眼於整個人類的文化經驗。姚雪垠以自己創作時的心得體會來代替普遍的創作論，這就顯得片面，缺乏說服力。所以姚先生的文章，實際上陷入了一種很滑稽的「怪圈」，即用自身的東西證明自身的東西。他用自己創作的《李自成》證明他的觀點是「馬克思主義」的，又用他的理論即自我先驗鑑定的「馬克思主義」，來證明《李自成》是「偉大」的。這種從自身到自身的循環證明，這種「我證我」的滑稽方式，使他陷入「怪圈」而不能自拔，使他的推理和論證充滿了悖論，充滿無休止的自我糾纏。

緒源：其實，在論述傳統文化時，姚先生也陷入了這樣一種「怪圈」：

我們中華民族是偉大的，所以我們的文化傳統必定偉大，你批評我們的文化傳統，那你必定不偉大甚至渺小；我嚴正地批評了你的不偉大並指出了你的渺小，因而我必定偉大。

再復：是這樣。怪圈既然成了一種思維方式，那就必然要貫穿於整個思維過程。這裏可以引出一種思維教訓，就是理論的探索，包括理論的論爭，不應該停留在自身經驗的層次上，而應當超越自身的局部經驗，超越個別性現象，盡可能上升到更高的層次上來論證，這才有說服力，才具備理論品格和科學品格，也才能走出無休止的、無理論出路的「怪圈」。

緒源：我覺得，我們現在所討論的，是一個十分重要的、亟須引起廣泛注意的方法論問題。對於「怪圈」，也許我們早已習以為常。最突出的例子是「文化大革命」，當時以「三突出」理論來證明「樣板戲」，又以「樣板戲」來證明「三突出」，循環往復以至無窮。

再復：是呵。因為在「怪圈」裏生活得太久，所以也就不以為怪。所以我們要努力從「我證我」的狹隘的「怪圈」中擺脫出來。我們的理論工作，應當面對世界的文學現象，如果不能面向世界，也應當面向祖國的文學現象（包括各種經驗教訓），而不應當只面向自己，只面向自己的一部作品。如果只面向自己的局部經驗，卻又要證明自己的理論是馬克思主義的文學理論，那當然是一種很幼稚的幻想；如還要以自己的局部經驗來定別人「違反馬克思主義」的罪名，那就更幼稚乃至荒謬了。

緒源：我發現，「怪圈」可以引出很廣泛的思考。我們常常一面無休止地繞圈，一面還以為是「走在大路上」。在文藝與生活的關係上，我們也犯過同樣的思維錯誤。在很長一段時間裏，我們的文藝只注重於謳歌。——文藝是從現實裏來的，而又反過來謳歌現實，其結果，只能造成現實生活「一片光明」的幻象。文藝創作如毫無批判意識與超越意識，不滲透某種人生理想，不體現對於現實的「揚棄」，那它的價值就很值得懷疑。當時的文藝批評，也只剩下了「扶植香花」和「鏟除毒草」這兩項。「扶植香花」是為了肯定對於現實的謳歌，「鏟除毒草」則是為了制止對於現實的揚棄。這樣，從生活到創作，從創作到批評，就都走上了無休止的「怪圈」。

再復：如果再推而廣之，那麼，中國幾千年的歷史，發展如此緩慢，與我們世世代代習慣於「怪圈」式的思維，也有必然的聯繫。

緒源：我們傳統的思維工具曾經很落後，而我們又不願意承認這一點。直到近代，我們在經濟上、軍事上都遠遠地落後於別人，已經明顯地處於被動挨打地位，我們才開始痛苦地反思，才開始認真尋找新的思維工具。

再復：可歎的是，正當我們要掙脫「怪圈」的重負，要開始新的建設，開始向前奮進的時候，卻又遭到了「怪圈」式的滑稽的批評。當然也不奇怪，思維的慣性往往比生活本身更具保守性。

緒源：那麼，對於小說《李自成》，你是怎樣評價的？

再復：我現在還是側重於文學整體現象的研究，繼續進行文學理論的探討，因此還沒有時間顧及歷史小說，自然也沒有時間去顧及《李自成》，今後也沒有研究它的計劃。我只是在「文化大革命」中和「文化大革命」剛結束的那幾年因為沒有書讀，才去趕時髦讀了《李自成》，這完全是「無聊才讀書」。讀後我曾懷疑，中國農民的文化心理是否應當像姚先生這樣把握（理想化與浪漫化的把握），但這個問題今天難以談透，留待以後再說。從文學本身而言，我對《李自成》的第一卷印象較好，但遺憾的是，《李自成》後來一卷不如一卷，一卷比一卷粗糙，越寫越差。這大概不只是我個人的感覺。對於這種「一卷不如一卷」的走下坡現象，有的同志認為，這是因為姚先生的貪大求全。有人認為姚先生的寫作，靠錄音和靠秘書整理，這一方式用於創作故事性很強的類似「話本」、回憶錄的東西還可以，而要寫好文學性強的嚴肅作品，就很值得研究。另一些同志則認為，「一卷不如一卷」的原因，在於姚先生堅持了「三突出」、「高大完美」等文學觀念。按這種理論精心設計自己的人物，人物就不能不成為抽象的寓言品和簡單的時代精神的號筒，李自成、高夫人這些主要人物，都成了這種號筒。人為地把古人現代化，甚至把古人經典化，就顯得不倫不類。這些分析是否中肯，姚先生可以參考。這裏，我只想向姚先生進一言：你是否可以暫時不再拔高自己的作品，而去冷靜地反省一下自己的創作過程和走下坡的原因？也就是說，先不要忙於教訓別人，更不要忙於到處宣佈別人的文學觀念如何違反了馬克思主義。

緒源：《李自成》走下坡路，與它後面幾卷的構思形成的年代也有關係。當時的「三突出」的毒素注入了作品的胚芽，這使後來的成書過程再也擺脫不了它自身的先天不足了。看來，在那樣的年代裏，姚先生也並未能真正甘於寂寞吧？

再復：我覺得，我們現在應把姚雪垠先生的心態放到一個更為廣闊的文化背景中來觀照，把它看作社會生活發生大轉移時所必然產生的文化現象。我們國家正處於偉大變革時代，社會生活各個側面都在發生變化，許多人和許多事物的位置發生了重大移動。例如，我們民族生活的「中心」已從階級鬥爭轉到經濟建設，我們的經濟已從封閉型轉向開放型，國家管理和社會義務的重擔也已由老一代逐步轉移到中青年一代的肩上，我們的文學則從單一的謳歌型轉向了多元求索、多元競賽。與此相應的，是社會成員的知名度也在發生變化（知名度不可能一成不變），一批中青年的政治家、科學家、企業家、工程師、記者、編輯和作家、藝術家，從無名到有名，甚至在某種程度上沖淡了老專家的名聲。這種「雛鳳清於老鳳聲」的現實，不僅是正常的，而且是可喜的。這正是我們的社會很有生氣的表現。今後還會有越來越多的新人走上歷史舞台，走向祖國和世界名人的行列。一切真正熱愛祖國母親和祖國新一代的老作家，都會為此而感到高興。而姚雪垠先生卻以冰冷的目光來看待這一切，在心理上和情感上難以接受這種轉移。時代符號的不斷刷新，正是時代不斷前進的證明，而時代總是要前進的。姚先生如不能了解這一點，他就將越來越痛苦。因此，姚雪垠先生的痛苦，成了新時期的一種典型的文化心態。這種心態，概括地說，就是對新的文學潮流的不滿和對新一代作家學人的強烈排拒，與之相應的便是自我吹噓與自我膨脹。所以，姚先生的痛苦和憤慨，嚴格地說，並不是出於責任感，而是一種失落感和失落後的灰暗感。

緒源：這種心態確實很典型。十年前，當文壇只有《李自成》等兩部小說時，人們曾感到痛苦和迷惘；現在小說和其他文學樣式都已如百花競放，就輪到姚雪垠先生迷惘和痛苦了。

再復：最近幾個月，聽人們講起姚雪垠時，我總是想到一個很痛苦、很浮躁的老人形象。壓在他心上的，是時代性的苦悶，是與時代大潮相背離的逆向性的苦悶。作為一個特定時代的文化現象和文化心態，它的出現絕不是偶然的。所以，我甚至又有些同情他。如把這種苦悶真摯地反映出來，那是會有文學價值的。但他卻以自己為中心，通過苦悶的發洩去損害別人，毒化周圍健康的空氣；並標榜自己為真正的「馬克思主義」，是作家加「戰士」。前些時，他在一個會上宣稱，對《李自成》的研究可以成為「李學」，與《紅樓夢》研究之成為紅學並駕齊驅。聽到這種大話的人簡直不敢相信自己的耳朵，這說明姚雪垠先生不只苦悶，還有一種莫名的焦灼和自我誇大。這與一個老作家的身份極不相稱。我個人，是很嚴肅地看待作為文化現象的姚雪垠先生的。我曾經困惑過，想不清他的心理為什麼這樣古怪。例如，他怎麼會覺得這十年最「反常」？怎麼會覺得自己是代表馬克思主義而且是力挽狂瀾的「戰士」？這種心理感覺究竟是怎樣產生的？但現在已經想清楚了，自問頗能體諒姚先生的苦衷。只是有些同志站出來喝采和吹捧，形成了反效果，使姚先生的焦急和苦悶帶上了強烈的喜劇性。

緒源：除了姚先生那樣的批評，你還受到了另一類批評。記得羅素在寫完《西方哲學史》後曾經說過：書中所論的哲學家，除對其中的萊布尼茨外，我的專業知識必定不如那些專門從事個別研究的人；但我從不同時代的哲學家之間發掘出內在的聯繫，這又是從事個別研究的專家們所無法做到的了。羅素預計自己的著作會受到那些專家的批評。同樣，你的理論研究橫跨哲學、美學、心理學、文化學，還有自然科學等領域，這也勢必會受到一些專家或有專門興趣的研究者的駁難。

再復：正是如此。今年我在廣州養病期間，《文學評論》發表了在《紅旗》編輯部工作的俞建章同志及其他同志和我商榷的文章。俞建章同志的文章是寄給我本人的。他很熱情地支持我在文學理論上的探索，但對語言變革問題提出商榷的意見。我從他的文章中得到教益，因此就推薦給《文學評論》發表了。我提出的一些理論問題，並不一定都很完善。——如果完善了，那還有什麼探索可言？所以，我真誠希望看到更多嚴肅誠懇的討論文章，以共同推進學術的發展。

劉緒源對我的採訪，他在北京就整理出來，然後讓我過目，就把稿子定了下來。那是一九八七年十一月。《文匯月刊》的主持人梅朵非常支持我，決定在一九八八年第一期全文刊出，並用我的照片為封面照（以我為封面人物）。但因為我找不到像樣的照片而拖了一期，發表於一九八八年第二期。接着《新華文摘》全文轉載，南北方都轟動了。姚先生看了之後何等生氣，可想而知。他的《李自成》得到茅盾、胡繩等許多名家的頌揚，他自己也感覺特別好；而我也處於意氣風發的時候，講話一點也不留餘地。他老人家看了肯定非常憤怒，所以立即寫了一篇反駁我的文章，題為《劉再復談文學研究與文學論爭一文讀後》，發表於《文匯月刊》第六期。在發表文章的同時，他又發表聲明，說我的談話攻擊了他，他要訴諸法庭，要告我一狀。這一下子我們原有的筆墨官司就要升級為法庭官司了，於是，我們的論爭也成了重大新聞，一下子在全國炸開了。我當時非常忙，除了所裏的行政事務很多之外，還要拚命讀書、寫書，所以沒有回應他的「告狀」。但由於此事轟動全國，所以接到許多電話與來信。許多電話都是菲亞接的。讓我印象最為深刻的是著名作家張潔打來電話說，她在法院裏有朋友，如果打起官司，她可以幫我找到好律師。她是我激賞的傑出作家，能這樣表示，使我更為放心了。還有錢鍾書先生，也很關注此事。一天上午，菲亞說，錢先生找你，我接了電話，他開門見山地問：「你看到魏明倫批評姚雪垠的文章了沒有？」我說沒有。他說：「發表在《人民日報》，寫得很好。你們這一代人，古文能寫得這麼好的很少見。」錢先生還說：「魏明倫把姚雪垠嘲笑了一番。我讓司機把報紙送給你看看。」我在電話裏感到錢先生對此事非常關心，而且毫不含糊地站在我一邊。讀了錢先生送來的魏明倫文章，我也覺得此文的確十分犀利，又十分幽默，文筆不同凡響。有這種才子支持，我不必再直接與姚先生糾纏了。後來朋友告訴我，魏明倫的文章已經在《文匯月刊》上刊登了，《人民日報》也許是重發，也許是轉載。我因為立即就要到美國五所大學（即哥倫比亞大學、哈佛大學、芝加哥大學、斯坦福大學、加州大學聖地亞哥分校）訪問，需準備講稿和相關的各種書籍材料，實在太忙，所以許多文章都來不及閱讀，直到一九八八年底，《學林》刊登了復旦大學章培恆教授的《金庸武俠小說與姚雪垠的〈李自成〉》一文，我認真閱讀後，覺得章教授所說的金庸小說「假中見真」，而《李自成》則是「真中見假」的論點，和我完全相通，但我沒有時間像他這樣寫出學術性很強的論文。直到出國之後，我靜下心來，反省這一段筆墨歷史（我盡可能地反觀自身的缺點），一方面覺得自己在反駁姚先生時也使用了政治語言（例如把《李自成》與「四人幫」的「三突出」聯繫在一起），實屬過火；另一方面還是覺得姚先生受「時代風氣」的影響，對小說中的主要人物李自成、高夫人確實頌揚過度，寫得如同現代革命領袖和領袖夫人。於是，在我與林崗合著的《中國現代廣義革命文學的終結》論文中，從學術角度上最後一次對《李自成》作了闡釋。這篇文章對姚先生個人沒有任何惡意，只是對《李自成》文本一次認真的純文學的批評。在文章中，我們寫道：

現代的「歷史神話」

一九六三年出版第一卷，整個寫作跨越二十餘年的長篇小說《李自成》塑造了一個離奇的、令人望塵莫及的「神」的形象——李自成。作者給讀者敘述的是一個關於農民起義的神話，像遠古的神話一樣，神話中必然有一些離奇古怪的情節，一些超越常人想像的神蹟，尤其是一些無論才情和智慧都遠超常人的神，這一切構成了遠古的神話。遠古神話折射出人類早期的文化、心理和歷史，既有初民的天真幼稚，又有經久不衰的文化心理的深層積澱。但是，《李自成》這樣的現代「歷史神話」，除了讓古人穿上現代意識形態的花衣裳以外，沒有留下什麼，它免不了造作、誇張。因為它只是意識形態教條的圖解。這部「歷史神話」流露的，也只不過是意識形態的某些條文而已。

詳細地追問小說與它所寫的歷史之間的關係是沒有多少意思的，因為作者已經有兩面很好的擋箭牌：歷史與小說。作者聲稱這是一部「深入歷史」，又「跳出歷史」的「歷史科學與小說藝術的有機結合」的作品。這兩面擋箭牌可以做到兵來將擋，水來土掩。如果你和他討論故事中的歷史原型，他會說這是小說，經過了典型化，它來源於生活，高於生活；如果你和他討論小說，他又會說這是歷史，事實如此。其實，這種「歷史神話」的誇張和造作，根本就不是作者聲稱的那樣「深入歷史」，「跳出歷史」。實際上，作者既沒有「深入歷史」，也沒有「跳出歷史」。因為歷史原型提供的東西，和作者心目中的意識形態教條相比太不重要了，作者尊重的只是後者，他要用小說的形式注解當今的意識形態教條。比如，有地主階級和農民階級矛盾的理論，就有小說主線的崇禎皇帝和李自成的對立，一邊是腐朽反動沒落的舊朝廷，另一邊是蓬勃向上創造未來的新天地；有農民是革命主力軍的理論，就有秉承人類一切優秀特性和高度智慧的李自成；有婦女是革命力量的「半邊天」的說法，就有完美得出奇、智勇雙全的高夫人；有小資產階級知識分子在革命中兩面搖擺、需要接受改造的理論，就有牛金星、宋獻策的出現；等等。明眼人看得出來，歷史原型在小說中充其量不過是來自明末那段歷史的人物符號，而就算是這些符號，也被作者的意識形態教條弄得支離破碎，變成作者意識形態的奴僕。

明末李自成揭竿而起畢竟是三百多年以前的事了，無論作者怎樣深入和跳出歷史，敘事中的歷史和意識形態的鴻溝畢竟是填不平的，總是會露出兩者不協調的痕跡。透過這些不協調的痕跡，我們就知道作者怎樣去剪裁歷史素材，為意識形態貼拼圖。這是因為作者要用一種意識形態色彩極強的語言，並按照這種語言對歷史原型進行重新敘述，就必然造成歷史原型和作者所運用的語言之間的矛盾，這個矛盾是沒有辦法解決的。這是意識形態敘述進入歷史的必然現象。細心的讀者都會發現，小說給人印象深一點的人物，並不是作者刻意要塑造的英雄人物，而是那些與革命崇高品質無緣的反角，如崇禎皇帝、洪承疇、張獻忠等人。反角寫得略為可觀也略有生活氣息，這本是革命文學的普遍現象。這是因為用敘事的意識形態擠壓了作者的想像空間之後，正面的人物已經沒有任何餘地了，只有反面的人物還可以略為回旋一下，所以就寫得較正面人物稍有生氣。正面人物、英雄人物早就被規定好了的，他們應有什麼樣的品格，什麼樣的精神氣質，具有什麼樣的智慧，甚至他們做的一切事情，早就套入了一個框子了，作者沒有什麼自由想像的空間，而只有依樣畫葫蘆的餘地。所以，在正面人物身上暴露出更嚴重的編造痕跡，歷史原型與意識形態用語之間的裂痕也更深。為了符合意識形態教條的要求，一些特定的用語、詞彙，就一定要進入故事的敘述。正是由於這些用語、詞彙的進入，拉開了歷史原型與讀者預想之間的距離，作者運用這些語彙使得塑造的人物變得高大的同時，也就變得造作、誇張和蒼白。例如，作者是這樣描寫李自成初次露面：

一位三十一二歲的戰士，高個兒，寬肩膀，顴骨隆起，天庭飽滿，高鼻樑，深眼窩，濃眉毛，一雙炯炯有神的、正在向前邊凝視和深思的大眼睛。這種眼睛常常給人一種堅毅、沉着，而又富於智慧的感覺。

三百年前的李自成到底是什麼樣子，當時沒有照相機，我們不得而知。但是，小說中的這個李自成，顯然就是當代「政治領袖」的那種形象，而且是標準的當代「政治領袖」的形象。這種形象我們在報紙、大街小巷的宣傳欄、招貼、畫冊上屢見不鮮，在歌劇、樣板戲、先烈的遺容造型雕塑上也時常可見。三百年前的李自成怎麼偏偏跟當代政治生活裏「政治領袖」的造型如此不謀而合呢？我們有理由推測，這是作者從招貼畫、標準像、宣傳畫裏汲取靈感的，跟史書裏的那個李自成根本就不是一回事。「堅毅」、「沉着」、「智慧」這些字眼，是「革命文學」形容英雄人物的專用術語，作者還嫌不夠有力，特意用了「戰士」一詞。當讀者腦子裏想起「戰士」這個意象時，無論如何想像不出三百年前「戰士」是何等樣人物，只能想像「紅軍戰士」、「游擊隊戰士」諸如此類的現代情景。作者對李自成的造作的描繪，一下子讓讀者脫離了歷史情景，回到了當前生活的狀態，這種當前生活的狀態是被意識形態所規範的、具有意識形態氛圍的狀態。讀者透過「政治語彙」所感受到的，無論如何不可能是明末的李自成，而是現代還活着的革命領導人「李自成」。充滿意識形態色彩的「政治語彙」在小說隨處可見。以下是幾個例子：

他們同是高迎祥的戰將，有七八年的戰鬥友誼。（第一卷上冊，346頁）

他（指張獻忠——引者注），不像李自成那樣很早就抱着個推倒大明江山的明確宗旨，並且為實現這一遠大的政治目的而在生活上竭力做到艱苦樸素，……獻忠有時也想到日後改朝換代的事，但思想比較模糊，也缺乏奪取政權的明確道路。……沒有擺脫流氓無產階級的思想烙印。來到谷城，他本來懷着很大的機會主義思想。（第一卷下冊，391-392頁）

這一類人物（指牛金星——引者注）投入起義陣營之後，往往能夠在一定時間內，在某些方面對革命鬥爭起一定的積極作用，而另一方面也起消極作用。……他們都沒有背叛自己的地主階級，努力用傳

統的封建政治思想影響起義領袖和革命道路。（第一卷下冊，第718頁）

歷史事件與現代的意識形態背景分析在小說裏完全混淆在一起。這個現代的背景光怪陸離，而三百多年前的歷史事件又分明和這個背景不協調。作為藝術，歷史背景放入這樣的背景下，不僅使這個背景有一種現代的荒謬；而用這個現代背景來襯托這種歷史原型，也使得歷史原型滑稽可笑，就像在五顏六色的激光燈下唱京戲，觀眾既沒有辦法欣賞燈光，也沒有辦法欣賞京戲，胡亂的拼湊把兩者都傷害了，最後得到一堆非驢非馬的雜燴。

和早期的革命文學相比，《李自成》的一大特點是作者不惜代價寫了一個像神一樣的李自成。英雄形象到了李自成，說是到了登峰造極也不過分，作者的用心可以由「前言」來證明，姚雪垠說：

> 李自成是小說的中心人物。我在塑造他的英雄形象時，在性格和

事蹟方面基本上根據他本人原型，但也將古代別人的人物的優秀品質和才幹集中到他的身上。虛構了許多動人的情節，好使他的形象豐滿而典型化。

作者利用了不實的傳說，寫了一場潼關南原大戰，「以便使李自成和他周圍的英雄人物在小說中一出場就處於武裝鬥爭的狂風暴雨、驚濤駭浪之中，通過一次全軍覆沒的嚴酷考驗刻劃他們的英雄形象。接着寫李自成在革命低潮中，在全軍覆沒之後，不是灰心喪氣，動搖觀望，而是以百折不撓的精神，慘淡經營，力圖恢復，用一切辦法推動新的革命高潮。」作者以為這是他的得意之作，其實讀者在必修的中國革命史裏早就讀到過了類似的革命從覆沒到勝利的敘述，有誰知道姚雪垠的得意的構思不是從中國革命史的教科書上得到啟發的呢？

按照馬克思的經典理論，農民並不是最先進的階級，即使按照已經發展了的馬克思主義階級分析理論，農民雖然可以成為革命的主力軍，但在覺悟和品格方面依然遜於工人階級。對於三百多年前的一次農民揭竿而起，作者賦予李自成如此完美的英雄品德，是和馬克思主義經典理論相矛盾的，作者也意識到存在這樣的矛盾。李自成畢竟不是無產階級，他不該是一切優秀品德的集大成者。可是問題是如果按照馬克思主義經典理論寫李自成，則不能顯出李自成的高大形象，自然也就無法上演一齣現代的「歷史神話」劇了。所以嚴格地說，作者並沒有按照經典馬克思主義對農民的看法寫農民。在李自成高大形象的背後，較多地反映了當代中國僵硬的政治意識形態和激進化的政治鬥爭的影響，而較少地看出經典馬克思主義對農民分析的影響。作者為李自成高大形象辯護的理由是他認為優秀品質和時代局限是可以分開的，時代局限人人都不能避免，這不算在個人品質之內。具體來說，李自成之有帝王思想、天命觀和尊孔三方面的局限。姑且不說什麼叫做時代局限，就算時代局限不同於個人品質，如果將作者賦予李自成的品德、才情從崇禎年間的背景中抽離出來，李自成比當代許多無產階級還無產階級。正因為如此，儘管作者借來的是崇禎年間的人物符號，但它完全是當代政治意識形態教條的圖解。

明末李自成揭竿是一次由成功到失敗的農民暴動，按照階級分析的方法，失敗的根源必然來自最深切的逃脫不了的階級局限，李自成也不能例外。可是，如果這樣去敘述李自成，塑造高大完美英雄形象的可能就會落空。因為既然是高大的英雄，怎麼會自己落入失敗的境地呢？道理上自相矛盾。為了一個幻想中的高大英雄形象，作者有意迴避了這個尖銳的矛盾。姚雪垠筆下的李自成有歷史局限而沒有階級局限。按照作者的這種神奇的理論推斷，李自成的失敗當然是和所謂的階級局限沒有關係，可是究竟是失敗了，原因是什麼呢？按照已發表的故事推測，牛金星、宋獻策等人很可能是「革命隊伍」的蛀蟲，一定是由於他們地主階級的本性，混進「革命隊伍」，隨着革命的勝利，他們就背叛了革命，使革命變了質。替罪羊是一個最簡單的解決方案，有了這些所謂混進「革命隊伍」的替罪羊，就可以成全李自成的高大完美。但是，這樣的處理既是歷史見識的低下，又是藝術的敗筆。我們有充分的理由相信，作者炮製這個現代的「歷史神話」，並不是因為作者對歷史有什麼特殊的興趣，而是因為他從歷史中跳出來的時候得到了重要的啟示：以講古代故事的方式去寫當代中國的政治鬥爭，去迎合當代的政治意識形態教條。為此作者付出了沉重的代價，這就是小說藝術的毀滅。

時間過去了二十七年，吳營洲先生二〇一五年九月九日在搜狐網發表了博客文章《魏明倫秒殺姚雪垠》。全文如下：

魏明倫秒殺姚雪垠

1988年，中國文壇發生了一場火藥味十分嗆人的「文學爭論」。

起因其實挺簡單，是劉再復在接受《文匯月刊》採訪時，無意間談及姚雪垠：他說姚雪垠的心態，有種「失落感」；他說姚雪垠的小說《李自成》，「一卷不如一卷，尤其是後來幾卷受了四人幫『高大全』理念的影響」……

這還了得？

一個被寵大的孩子，且一直受着家長的格外寵愛、呵護，哪會受得了如此不恭！

於是，姚雪垠憤然而起，要為「名譽」而戰，聲稱要「起訴」劉再復，並給劉再復「羅織」了許多「罪名」，投書《文匯月刊》……

一時間天昏地暗。

劉再復萬萬沒有想到會是這樣，他感覺自己已經陷入了萬劫不復的困頓境地……

更令人沒有想到的是，就在此時此刻，半路上突然殺出了一個程咬金——四川鬼才魏明倫以一篇《仿姚雪垠法致姚雪垠書》[1]的戰鬥檄文，嬉笑怒罵間，便使姚雪垠武功盡廢，幾近寒蟬……

劉再復不僅長長地舒了一口氣，眾人也頓時對魏明倫刮目相看了……

然而，魏明倫果真是路見不平拔刀相助的俠客嗎？

貌似也並不能完全這樣認為。

何有此說？說來也委實話長，還得從此前的 1987 年說起。當時，在全國政協大會上，姚雪垠恃寵自重，目中無人，使用過激言辭，指名道姓地批判了 1949 年之後一系列具有代表性的文藝作品，其中對魏明倫的《潘金蓮》怒斥道：「把現代人、外國人、中國人亂七八糟地混在一起，既不能反映現代生活，又不能反映歷史生活；既不能反映中國生活，又不能反映外國生活；是既無藝術，又有無思想性的十八扯，河南話叫做『胡鬧台』……」魏明倫當時在電視上看到姚雪垠的這番發言，驚愕不已。[2]

以魏明倫的性情、才情，豈能咽得下這口鳥氣！只是他一時找不到發洩的由頭，只得把鋼牙咬碎，隱忍着……

沒想到，到了 1988 年，姚雪垠針對劉再復對自己的「說三道四」，撰寫出萬言長信，投書《文匯月刊》，並稱「著名老作家控告社會科學院文學研究所所長，這件事會在知識分子中引起小小的震動和轟動，也可能被認為是文化界的一件醜聞」。

這下好了，終於讓「目灼灼似賊」一直盯着姚雪垠的魏明倫，有了揮刀相向的機緣，而且，「師出有名」。

秉一腔正義，挾些許私怨，魏才子凜然上陣，大刀向姚雪垠的頭上砍去……

魏明倫的雄文一經刊佈，立刻成為社會的一大看點——當期《文匯月刊》很快被搶購一空，而且好評如潮——

舒蕪在致友人的信中寫道：「魏明倫斥姚某一文，痛快淋漓，京華友人均鼓掌稱善……」

姜昆讀到魏明倫形容姚雪垠「出入則超然獨行，小憩則大廳孤坐，野鶴閑雲，做哲人沉思狀」一段文字後，擊掌稱道：「做哲人沉思狀，簡直把老姚寫絕了！」

巴金連續幾天把此文放在輪椅旁，有客上門便推薦：「請看魏明倫的妙文！」

錢鍾書由此文開始注意魏明倫，多次向華君武、舒展、黃偉經等友人推薦：「魏明倫文章寫得好！」

魏明倫的一番嬉笑怒罵，讓姚雪垠這個皇帝的寵兒，別說招架之功了，連還手之力都沒了，只剩下捯氣的份兒，自此再沒有吐出過一句半句囫圇的話……

後人稱：「這是一場文學論爭，也是一場硝煙彌漫但卻速戰速決、高下立判的論爭。」

其實，據劉再復後來回憶，起初的時候，他並不想談論姚雪垠，但《文匯月刊》採訪他時提到了，他也不得不說上兩句，沒想到「老先生很不高興，說我是故意誹謗他，聲稱要控告我，鬧得沸沸揚揚的。但後來還是不了了之」。

魏明倫雖有「借他人酒杯澆自己塊壘」之嫌，卻也委實憑藉此事出盡了心頭惡氣。

出乎所有人——包括魏明倫本人——意料的是，自此伊始，魏明倫的雜文一發而不可收，其影響之大，甚至超過了他的戲劇作品。

這同時也說明了，雜文的力量！

[1] 載《文匯月刊》1988 年第 8 期。

[2] 蔣湧、廖常偉：《跨過歲月的柵欄——著名戲劇家雜文家魏明倫傳奇故事》，四川經濟網自貢頻道，http://zg.scjjrb.com。

我所以要引述這則短稿，只是想說明，當時我和姚先生的爭論確實引起全國各方的關注，連姜昆、華君武等藝術界的人士也坐不住了。

第十二章

逃亡

晚飯後常與閻連科在香港科技大學臨海的大操場上散步

一九八九年六月四日早晨，我本來要啟程到新加坡參加該年的「文藝夏令營」活動。同去的是王安憶，她的機票在我手裏，我們約好這個早晨一起南飛。可是，啟程的前夕，六月三日深夜與六月四日凌晨，卻發生了驚動世界的「六四」事件。

因為四日要出遠門，所以三日晚上，我一直留在家中休息。四日凌晨（大約五點），開始有人敲打我家（勁松）的門。我記得第一批來的是三聯書店的兩位朋友，他們一見到我就說：「你在家就好，昨晚開槍了，我們擔心你在外邊。昨天在天安門廣場宣佈成立民主大學，大學的教授名單上有你，我們以為你在廣場，所以來看看有沒有事。沒有事就好。你先不要出門，外頭很亂。」第二批來的是住在我樓上的幾位朋友，他們情緒激昂，說：「我們集體退黨吧！寫個聲明，您帶頭簽名。」我不同意，只說了一句：「現在聲明退黨沒什麼意義。」接着是幾位作協的年輕朋友來，也很激動，說：「我們應該穿上黑紗，發動飛行集會，表示抗議。」我說：「這等於自己去送死，不能幹。」他們走後，還有幾撥朋友來訪，有的告訴我死人的情景，有人勸我到外地先躲避一下。他們都是真正關心我的好朋友。

大約七點時分，范曾、楠莉夫婦的車子（載着徐剛）開到我家門口。他說：「情況緊急，政府可能會來抓人，你準備十分鐘，我帶你到天津，先躲一躲再說。」我立即決定跟着他們到天津南開大學避一避風頭再說。此時，昨天剛從家鄉回來的母親到了門口，手裏還拿着一條煮好的蝦，一定要讓我吃下去。她還跟范曾說：「再復出門，菲亞能不能一起去？可以照顧他。」范曾點頭同意。我進屋拉開辦公桌的幾個抽屜，抓一把信件放在手提包裏，就和菲亞上了范曾的小汽車，五個人擠成一團，往天津開拔了。那時，劍梅、劉蓮還在屋裏睡覺，我從車窗裏只看了母親一眼。她手中仍然提着那隻有點發紅的大蝦。

到了天津，才發現那裏和北京不同，似乎根本不知道北京發生的事。一進南開大學，就聽到校園的大喇叭還在廣播《美國之音》的節目。節目裏有北京學生運動的消息，但沒有天安門廣場已經被清場的最新動態。在學校的宿舍裏住了一個晚上，六月五日早晨，我推開窗戶，聽到廣播站發出的聲音全部是抗議之聲，以及哀悼死亡學生的消息。我知道，北京事件在天津炸開了。又過了一天，范曾找我商量，他說：「形勢不好，南開恐怕不是久留之地，我準備讓一位學生陪同你和菲亞、徐剛到廣州去避一避。」我立即表示贊成，而且馬上啟程。於是，六月六日，我們一行四人，坐京廣線火車果斷南下。因為我和菲亞還牽掛着菲亞的父母，所以決定先到廈門，然後再坐公共汽車轉向廣東。在赴粵的路上，車子常常會突然停下，接受部隊的檢查。我因為有全國政協委員證，所以總是順利通過。

到了廣州，徐剛被我弟弟（劉賢賢）安排住在華僑新村一號的小樓上（那是我弟媳婦父母的小樓），我和菲亞則住進天地圖書公司安排的公寓裏。廣東似乎很平靜，我和菲亞每天早晨都要下樓買報紙，十分關注和「六四」有關的每一則消息。當時我和菲亞手裏拿着隨時可以飛往新加坡的機票和已簽好證的中國護照，可以合法出境，但又害怕海關上的「捉拿名單」上有我，所以不敢貿然行動。為了安全起見，我讓菲亞去請教一下林崗的父親，當時還在擔任廣東省委第一書記的林若（林崗還在北京，所以菲亞親自到他家去詢問）。林書記說：「我們共產黨不會傻到連劉再復、李澤厚這樣的知識分子都要抓。不會的。你們手裏如果有護照，還是堂堂正正地出境為好。」可是，我和菲亞仍然不放心，覺得林書記只是從道理上說，可那時候誰都瘋了，我們可不能吃這眼前虧。於是，就託人去問問他在廣州市公安局的一位朋友，看看通緝的名單上有沒有我的名字。沒想到這位朋友是我的「粉絲」，他反而要求要見見我。當時的政治形勢那麼複雜，我當然不會答應，但他把一大卷有關的文件都轉給我看，其中有一疊文件是高級領導人關於「六四」的講話。讓我震動也是印象最為深刻的，是王震將軍的講話，他主張槍斃幾個人，還具體地建議槍斃哪幾個人。到了六月二十日左右，我們從報紙、電視上看到陳希同的《平反報告》，報告上點了我的名。直到此時，我才覺得問題嚴重了，不能再心存幻想。就在那一刻，我決定「逃亡」。作了決定之後，唯一放不下的還是北京的一家人：母親和兩個女兒。所以我讓菲亞給北京勁松家裏打個電話。接電話的是劍梅，菲亞說明情況後，她大聲地說：「走吧，走得越遠越好！」有劍梅這句話，我們的決心更堅定了。於是，我們讓友人開始和香港聯繫。香港有個救援國內學生領袖的「黃雀行動」，他們早已間接（通過友人）告訴我，說如果願意出走到香港，他們可以用最方便的途徑與方法來接應，但我始終沒有答應。這回我的朋友和他們一聯繫，他們就非常熱情，說你們可以從廣州上船，一切都很方便，那是一艘三十噸左右的貨船，你和太太就當成船上的工作人員，很簡單，大約十幾個小時就可抵達香港。那天我們在花園酒店門口坐上大巴車（專門接我們的車），然後在城裏繞了一下，就直接奔往一個後來聽說是沙面的小港灣。到了口岸之後，接應的人讓我們坐上一艘小汽艇，然後飛快地馳向貨船。不到十分鐘我們就登上那條貨船，在船艙裏他們為我們準備了早餐。我吃了一碗麵湯後就犯睏躺下睡覺了。醒來時，菲亞笑着說：「虧你能睡得着，還打呼嚕！」睡了一覺，感覺全然不同，精神很好。我仔細看看海，海水很藍，碧波輕輕蕩漾。一切像在夢裏。過了一個小時，船主告訴我們，前邊是虎門，海警可能會上船檢查，請你們委屈一下，都到船艙的底層躲一下。我們遵囑一個一個走進船艙，這時才發現，船艙裏有一泓清水。水的左側有一個圓形的洞口，船主說，你們從這洞口進去，在裏面坐上半個小時，就可以穿過虎門直奔香港了。聽了這句話，徐剛立即像一條泥鰍輕快地滑進洞裏。他曾在部隊當過兵，受過穿梭訓練，因此顯得特別順暢。我則不行，靠同伴左拉右拽，才把我硬塞進去。洞裏也是水，但有兩塊橫着的長方形木板可以讓我們坐着。奇怪，一坐上木板，我便意識到我們和大海只有一面之隔，也就是說，生死相隔只有一塊木板之遙，因此，我唯一的念頭便是：把生命交給上帝了，沒什麼可驚慌的。那時，我格外鎮定。還想到，穿越這個瞬間，生命就會得到飛升。後來徐剛在《七十年代》雜誌發表一篇文章回憶這一時刻，他說，在黑暗中，我們坐着，再復就坐在我身旁，如同菩薩。真的，那時連我自己也覺得像個菩薩。在《漂流手記》的第一卷中，我以《瀕臨死亡的體驗》為題，記錄了這一重要瞬間。

穿過虎門後，果然很快就抵達香港。接應的人是陳先生。他把我和菲亞帶到他的公司，並和我說了一句讓我終生難忘的話：「莫愁前路無知己，天下無人不識君。」唸了詩句之後又說：「不管走到什麼地方，都不能忘記我們是最愛中國的中國人。」然後陪我們上了一輛早已準備好的小車，說把我和太太安排在法國駐香港總領事夢飛龍先生家，那裏最安全。上了小車不久，陳先生告訴我，他姐姐是公司董事長，她很關心我，特地交代接到劉先生後要親自和劉先生說兩句話。過一會兒，電話鈴響，陳先生說，是我大姐的電話，您和她說兩句吧。我對着電話機就說：「我是劉再復，謝謝你們的救援，我已安全抵達香港了。」她說：「聽到你的聲音我就放心了。」

到了一家旅館，與黃雀行動的主持人見面後，我們就被夢飛龍總領事帶回他家裏住下來。香港三聯書店的一位老朋友給我帶來李歐梵給我的邀請書，芝加哥大學的三色表。有了這份邀請信，我本可以到美國領事館辦理簽證，直飛美國，但夢飛龍先生希望我能路過巴黎再轉飛芝加哥。我答應了，並且很快就飛到了巴黎。那時，在巴黎的嚴家其、萬潤南等正在籌組「民主陣線」，也發了一張表格給我，希望我填表加入，但我拒絕了。在逃亡的路上，我想的正是今後如何超脫政治，決心不參與任何政治了。在巴黎的第三天，老友嚴家其問我：「再復，所有的朋友都加入『民陣』了，你為什麼不參加？」我嚴肅地對他說：「家其，我不僅不參加，還要勸你不要搞政治組織。你雖然從事政治學，懂得政治研究，但不一定就懂得政治實踐。這是兩碼事。」家其很注意聽我的話。時隔一年，范曾從新加坡前往巴黎，家其接到他後和他一起打電話給我（那時我已在芝加哥）。范曾說完，家其在電話上對我說，去年你剛到巴黎時對我說的那些話是對的，我確實不宜從事政治實際活動。

在巴黎雖屬路過，但我呆了將近一個月。在此期間，有兩件事讓我難忘。一是林希翎兩次要求見我，但我都婉言謝絕了，其原因也是「從此再也不沾政治了」。林希翎在我心目中很政治，我怕她又要讓我進入她的政治計劃。二是見到了好友高行健。行健來看我，他頭腦極為清醒，鄭重地對我說：「我們現在首要的事是從此遠離政治了，人生有限，時間不多，每一分鐘都要投入精神價值創造。政治讓別人忙去，我們忙我們自己的事。」他的每一句話都引起我的深深共鳴。從那時候起，我對自己的未來之路就更清楚了。

第十三章

「喪國」的第二人生之初

二〇一八年在香港科技大學給學生授課，課程名為「文學慧悟十八點」

從巴黎飛到美國，第一站還是紐約。在哥倫比亞大學見到夏志清先生，他第一句話就說：「半年前你到美國，我說×××老是殺人，你不同意，還批評我。這回你自己見到他們殺人啦！好，以後我不再說他們殺人了，由你說去。」面對他的坦率，我只是苦笑。這回我沒有演講，第二天就飛往芝加哥大學了。

見了李歐梵，我先開口說：「歐梵兄，這回我可是斯文掃地了！」他反而說：「你真了不起！要不是『六四』，你說不定還不來哩！」

在芝加哥大學駐扎下來的第一個夜晚，我翻來覆去，怎麼也睡不着。我想到：第二人生從此開始了；而且想到，第一人生以「喪國」而結束。從此之後，我將面臨無邊的時間的深淵。剛到美國的那幾天，我覺得每個夜晚都特別漫長。一閉上眼睛，就像掉入黑色的海中，滿心都感到窒息。這種窒息感，連同孤獨感，一直壓迫着我，大約持續了一年才有所好轉。好轉後，我寫了散文《第二人生之初》、《轉世難》等。《第二人生之初》如此寫道：

第二人生之初

在一九八九年那個怪誕的夏天裏，一顆子彈穿過我的心，然後把我的人生劈成兩半：一半留在大陸，一半被拋入海中。於是，作為漂流的海客，我在大洋的另一岸開始了另一人生，這就是第二人生。

很奇怪，第二人生之初，竟然酷似第一人生。

第一人生的開始，自然是從母腹中誕生的那一瞬間。母親告訴我：那一瞬間，你和別的孩子一樣，一墜地就哇哇大哭，哭得眼淚流進屁股。我相信，在切斷和母體相連的臍帶的一剎那，我哭得很兇很醜。為什麼所有的孩子一降生就大哭？難道孩子們都天然地預感到此後將走進充滿荒謬的必須廝殺才能生存的人間嗎？難道在混沌中他們也明白人生的起點正是通向死亡的起點嗎？

我不想作無謂的猜測，只想說，我的第二人生也是從切斷和母親相連的臍帶開始的，而且，在斬斷臍帶的那一瞬間，又是一場痛哭。此次丟棄在海裏的臍帶是故國巨大的臍帶，沒有形體，沒有顏色，但我看得清清楚楚，它分明緊連着我的恐懼悲傷的姐妹。此時我還記得，在切斷臍帶的那一刻，我踏上陌生的土地，突然忘記母腹中那個曲腸百結的令人窒息的世界，只感到眼前高樓壓頂，所有的道路只是一條裂縫。於是，焦慮，不安，惶惑，眼淚簌簌而下。然而，在這一次痛哭之後，我很快就大徹大悟：應當接受劫難，接受大寂寞，接受為了靈魂清白的殘酷代價。一旦徹悟，我就不再哭了。整整三年，我不再流淚，只有冷靜的思索，不像第一人生之初，哭得沒完沒了，總是期待着母親的撫慰和憐憫。

我至今還記得處於第一人生時不斷哭泣的情景，記得母親總是用乳房堵住我的嘴，倘若繼續哭，母親就打我的屁股，打了之後，我哭得更兇。最原始最弱小的抗議就是哭泣。直到長大之後，我才知道，人間並沒有哭泣的自由。假如在那個炎熱的夏日裏，允許我為死者哭泣，我是不會辭別故鄉故國的。而今天，我身處天涯海角，沒有人可堵住我的嘴，我卻不願意哭了。我擁有比哭泣強大得多的聲音。

第二人生之初，真的很像第一人生。這三年，我又經歷了一次兒童蹣跚學步的時期：學自立，學走路，學說話。新生活伊始，什麼都不會，什麼都需要他人扶持，為了自立，跌了許多跤，鬧了許多笑話。為了會走路，從買車票到買飛機票，一樣一樣從頭學。最難的還是學說話，天天嘟嘟囔囔地學外語，跟着老師把一個單詞唸上十遍二十遍。第二人生的舌頭可沒有第一人生之初的舌頭那麼軟那麼靈巧，真是有點硬化僵化了。幸而第二人生的臉皮比第一人生的臉皮厚得多，錯了也不害羞，老是被女兒嘲笑，先是被當博士生的大女兒笑，後又被當中學生的小女兒笑。可是，兩三年後她們就不再笑了，她們發現硬舌頭也會變軟，而且發現，在電話裏用英語談情說愛，全被裝傻的爸爸聽懂了。真的，我用笑報復了女兒的笑。

第二人生之初，我已從哭進入笑，但此去的人生還很長。和第一人生一樣，度過兒時的哭笑，一定還會有漫長的跋涉。不過，我既然已經學會直立和走路，就不怕山高水遠了。

我意識到了新的逆境，這是「喪國」的逆境。喪國，丟失故鄉與國家，這是顛覆性的連根拔、連鍋端。我真的受不了。剛到美國，面臨新的國度、新的語言和新的規範，一切都讓我感到陌生。美國雖好，但不是我的祖國。

在陌生的地方，在新的人生之前，我必須闖蕩許多關口，每個關口都需要拚搏，那時面臨的是語言關（學說話）、走路關（學開車），還有其他生活關，例如天天只能吃麵包等等。各種關口，我都可以穿過。但有一種關口，幾乎要把我困死。這就是精神的關口，心理的關口。那時傳來一個消息，說某人（時任社會科學院黨組書記兼院長）惡狠狠地說：「要把劉再復這些人在海外憋死、悶死、氣死、困死、餓死！」話說得夠狠的。當時我也確實真的快憋死了。但在聽到他的狠話的一剎那，我突然精神百倍，突然悟到：現在自己的首要問題，是自救，是自己和自己拚搏，是要戰勝自己的虛空、脆弱、彷徨、孤獨感和寂寞感。只要能闖過這一關，我就能在北美大地上站立起來。於是，我拿起筆，拚命寫作，一口氣寫了《轉世難》、《被死神掌握的時刻》、《瀕臨死亡的體驗》等。

連死神都不怕，連死神都能戰勝，那還有什麼可害怕的呢？就在那個時候，我開始閱讀我的「老三經」——《山海經》、《道德經》、《六祖壇經》，之後又把「老三經」擴大為「老六經」——《山海經》、《道德經》、《六祖壇經》、《南華經》（《莊子》）、《金剛經》和我的文學「聖經」《紅樓夢》。每一部都讀得津津有味，每一部都讀得很有心得。讀《山海經》，我讀出了文心、書心，那就是「知其不可為而為之」。「天」是可能補的嗎？不可能。但女媧想把不可能變為可能。所以她成為中國的補天女神。「海」是可能填的嗎？不可能。但精衛想把不可能變為可能。因此她成為填海的英雄。「日」是可以追到的嗎？不可能。但夸父想把不可能變為可能。因此，他成為中國第一個敢於追逐太陽的好漢。知其不可為而為之，努力去把不可能變為可能，這種積極精神正是中國的原始文化精神。在陌生的北美大地，我一切都不習慣，但也可以把不習慣變成習慣，把一切陌生者變成不陌生者。

還有《道德經》和《南華經》也給我安慰，甚至給我力量。《道德經》告訴我，所謂道德，乃是「不名之道」，「不爭之德」。我還是太在乎那一丁點是非，那一丁點得失。往昔那一切有什麼好爭的？你認為可以「自我實現」，他們說這是「個人主義」；你認為「愛可以推己及人」，他們說「愛的推移」是「資產階級人性論」；你認定「世俗角色」可以轉換為本真角色，他們說這是「痴心妄想」。我和他們，立足於不同的精神層面，這怎麼爭？怎麼辯？怎麼了結？還有，你認為文化大革命中只有一個領袖主體，沒有千百萬知識分子的個人主體，因此有個「主體性失落」的問題，他們則認定，這是編造、虛構，中國當代從未發生過這種現象。這是要不要面對基本事實的問題，你又如何辯白？你說，五四的作家、思想者、知識人等是啟蒙主體，後來（三、四十年代）發生了主體互換現象，即工農大眾變為主體，知識分子等變成被大眾改造、教育的對象。其實各有理由，但作家、思想者、知識人不可放棄啟蒙主體責任。胡風早就這麼看了，他作為五四啟蒙精神的繼承者，早就傻乎乎地寫下「意見書」，不就是希望作家繼續用自己的作品去呼喚民眾正視千萬年來「精神奴役的創傷」嗎？《道德經》告訴我，不要爭了，不要爭！不爭之德才是真道德。一百年、一千年也爭不清楚。各自表述吧。我面對的不是文學，而是政治。政治這個東西，既不講情，也不講理，只講「利益」，他們用政治壓你，戰勝你，你就服輸吧。真正的「道」，自在天地，自在人心，不要煩惱了。

就在閱讀「老三經」的過程中，我重新明確了自己「拚搏」的方向。這方向不是一鄉一國，我既不擁抱中國，也不擁抱美國、法國、英國，而是自創一個屬自己的，可以擁有靈魂主權，可以擁有自由時間和自由表述的，具有獨立精神的精神共和國。這就是象牙之塔。二十世紀初期，國家處於危亡狀態，三十年代，日本侵佔東北之後又把野心投向中原，在此歷史場合中，魯迅號召作家們走向街頭去呼喚大眾，而不應當躲在象牙塔中，這是對的。然而，我在八十年代末，報國無門，走向街頭遭遇到的是坦克與裝甲車，現在逃到北美大地，我已無能為力。何況外邊充斥着市場和意識形態的喧囂。我只能「躲進小樓成一統」，自救，自我療傷，只能重構象牙之塔。這種象牙之塔，就是可以讓我面壁的「達摩之洞」。我可以在此進入「精神浸淫」狀態，可以和人類歷史上的偉大靈魂相逢。我就在象牙之塔中補課，領悟中外各類經典。僅僅有關佛學的書，我就讀了一百二十多種。我在象牙塔中進入很深的精神生活，用自己的真性情去讀書，每一部經典，都讓我「穿透」，所以我總結出「讀書三部曲」乃是「擁抱書本、穿透書本、提升書本」。我開始與荷馬、但丁、莎士比亞、托爾斯泰等經典作家對話。我叩問但丁：你設置的「地獄」為什麼放進婚外戀女子？她們真的沒有婚外的情愛自由嗎？曹雪芹把秦可卿這個性情女子放入天堂，《水滸傳》把潘金蓮放入地獄，你的處理更接近哪一家呢？還有莎士比亞，我最崇拜的西方作家，你的每一部戲劇都讓我五體投地，但是你的《終成眷屬》是好作品嗎？那個平民女子如此追求貴族少年，以至於不惜犧牲自己的人格，這是人性真實嗎？

二十多年過去了，我所寄寓的象牙之塔，既不屬中國，也不屬美國。所以我說，我既離中國很遠，也離美國很遠。唯有對於文學與哲學，我天天在向它們靠近。今天，我完全生活在自創的形而上的國度中。在此國度中，我不是社會關係的總和，只是書本關係的總和與自然關係的總和。一方面，我和大自然（花卉、草地、野兔、松鼠、太陽、月亮）的關係大於人際關係。人際關係我已簡化到幾乎等於零，自然關係則天天都在擴大，大到難以置信。另一方面，我和書本（古今中外）的關係也在不斷改變。原先崇拜諸葛亮，現在明白他只是「破壞性英雄」；原先喜愛《復活》，現在則覺得它太理念。我意識到自己在用另一種方式生活（與以往的世俗生活很不同的生存）。二十八年過去了，我在海外贏得三樣無價之寶：自由時間，自由表述，完整人格。最後這一項，首先是獨立人格。不獨立就不可能完整。在第一人生中，我拚搏，但人格不夠獨立；在第二人生中，我則完全獨立了。不錯，什麼都得仰仗自己，連自由也靠自己的覺悟，絕不期待上帝與政府的恩賜。該說的話就說，不情願說的話就不說，既不媚上也不媚下，既不媚左也不媚右，既不媚俗也不媚雅，既不媚東也不媚西，既不媚古也不媚今。自定的座右銘乃是：「山頂獨立，海底自行。」在中國，最難遇到的是「完整人格」與「獨立人格」。二〇〇四年我受莊世平老先生的邀約，在他主持的首屆傑出華人大會上發表演講。講完後，九十四歲的老人走到台上祝賀我，並當着許多人說：「再復，你知道我為什麼喜歡你的文章和你的講話嗎？因為你的文章中有一種格。」（這番話，他臨終之前又在一位香港的富豪家中講了一遍，這次他作了解釋：「格」有人格，家格，國格，黨格；陳水扁就不能算有格；李登輝也不能算有格，他認日本人為父，便是沒有格；蔣中正先生還是有格的人，儘管對他如何評價都會有爭論，但應承認他是有格之人。）我聽了很高興，回應說，我覺得人生就是拚搏。拚搏中必須講究一種道德，一種格調，一種原則。是的，在我的思想理念中，拚搏有文明拚搏，也有野蠻拚搏，箇中的關鍵不是目的，而是手段。每個人的立場不同，目的相同，這是可以理解的，但實現目的的手段一定要文明。文明的手段才是「格」。這是獨立於政治之外的價值，永遠不會消逝的價值。

第十四章

為祖國的諾貝爾榮譽而搖旗吶喊

一九八六年夏天在美國象鼻子山與妻子陳菲亞合影

一九八七年夏天，馬悅然到北京，作家協會由鄧友梅（作協外聯部負責人）出面宴請他。我也被邀請出席。在餐桌上，馬悅然說：瑞典學院決定明年請劉再復以中國作家與文學批評家的身份，到瑞典參加諾貝爾獎頒獎儀式。這是我們第一次邀請一位中國作家參加這個活動，也是中瑞文化交流的正式開始。在自然科學方面我們準備邀請修瑞娟女士參加。

我聽了很高興，並立即表示願意去。馬悅然聽了我的表態後又補充說：此事很鄭重，我們希望您到瑞典時能夠穿上中山裝，你們的民族服裝。因為這是大事，所以我向錢鍾書先生作了彙報。這之前，社科院指定錢先生和我為諾貝爾獎的推薦人，還讓我填寫了一份表格。表格是文學所外事組的郝敏發給我填的。錢先生是負責外事工作的社科院副院長，無論於公於私，我都必須告訴錢先生關於馬悅然邀請的事。

我把瑞典邀請事告訴錢先生後，沒想到他直截了當地回應說：「你不要被馬悅然所利用。」我嚇了一跳。後來想起來了，他對諾貝爾從未有過好感，而且引用羅素說的一句話，說諾貝爾做了兩件壞事，一是發明了炸藥，二是發明了諾貝爾獎，兩件事對人類均危害甚大。我對諾貝爾獎的破壞性認識不如錢先生，對馬悅然懷着敬意，因此錢先生的話給我很大震動。但我當時覺得，錢先生太偏激了，無論如何，也不應當把馬悅然當作「敵對分子」（因為「敵對」，才談得上被利用），所以我還是在第二年（一九八八年十二月）按計劃到達斯德哥爾摩，而且按照他們的要求，穿上民族服裝，即中山裝。我參加了各類獎項的頒發儀式，參加了國王宴會，與幾位諾貝爾文學獎的評委見了面，還與一九八七年諾貝爾文學獎得主布羅斯基的詩歌的瑞典文譯者見了面，他還送了我一部瑞典文譯本《布羅斯基詩選》。在參與此次活動的過程中，錢先生的忠告一直在我腦子裏盤旋，因此，儘管馬悅然對我格外熱情，但我還是心存戒備。直到今日，我仍然判斷不了錢先生對馬悅然的高度警惕是對還是不對。但錢鍾書先生的話對我產生了影響，我在瑞典的一切言論，都只講事實，不作價值判斷，而且只為中國文學說好話，絕不談論中國政治。我只在斯德哥爾摩大學作了一次題為《傳統與中國文學》的講演。在瑞典時，接受了《人民日報》記者的採訪；回國後，又接受了《人民日報》記者李輝的採訪，講述了我的一些觀感。如實地說了一些話，但絕對不唱任何高調。

沒想到，我因「六四」事件流亡西方，到了美國芝加哥大學之後，馬悅然教授和他的學生羅多弼教授仍然對我十分關心，說他們正在向基金會申請資金，想讓我在一九九二年夏季至一九九三年夏季到斯德哥爾摩大學擔任客座教授。我答應了，並在事前辦好美國傑出人才綠卡（花了二千五百美元的律師費，同時辦了我和妻子陳菲亞及小女兒劉蓮的綠卡）。一九九二年夏天，我準時到斯大報到，校長為我舉行歡迎酒會，並宣佈我是「馬悅然中國現代文學研究客座教授」（第一個客座教授）。這一學年，到斯哥德爾摩大學客座的還有日本的大江健三郎，我完全沒想到他後來還獲得諾貝爾文學獎。

我在斯哥德爾摩大學一年，工資十萬美元，但不用納稅，打電話也是學校出錢，因此我很快就「富」了起來。馬悅然告訴我：我們的工資和你一樣，但要扣除百分之六十五的稅。現在是聯合黨執政，稅收是工資的百分之六十五，前年社會黨執政時，要繳納工資的百分之八十五。因為稅收太高，一個人工作不足以養家，所以陳寧祖大姐（馬悅然夫人）儘管已得了癌症，還在系裏擔任講師，多領一份工資。她很喜歡我的散文，就開設「劉再復散文課」，講述《漂流手記》，還向香港天地圖書公司購買了十幾本《漂流手記》。她天真熱情，每次到我家，總是送我幾份學生的作文（閱讀《漂流手記》的心得）。有一次，她還很高興地讀給我聽。在海外的漂泊日子裏，寧祖大姐的關懷，真讓我感動，至今難忘。

在一九八八年參加諾貝爾獎頒獎儀式的時候，我在為當時的場面而感動的同時，突然想到：我的偌大的祖國竟無一人獲得諾貝爾文學獎。我從事文學批評，自己不會去爭這個獎，但我可以為祖國的諾貝爾榮譽而搖旗吶喊。一九八四年我第一次到日本時，創價協會的朋友們和我談起諾貝爾獎的時候，他們都為川端康成而驕傲。在亞洲，中國是文明古國，文化大國，然而如果以諾貝爾榮譽為參照系，我們不如日本和印度。對於這一點，我內心很不服氣，覺得自己有義務去爭一爭。不說別的，僅此一項，我就覺得自己的骨子裏面，具有根深蒂固的民族情結，也可以說是愛國情結。

因為一九八八年在諾獎頒獎現場就暗下決心要為祖國爭光，因此，一九九二年再度到瑞典時，我還是帶着這個情結。也就是說，這個情結並未被一九八九年的政治風波沖走。文化情結比政治情結要堅韌得多。我到瑞典後，斯德哥爾摩大學東亞系主任羅多弼教授就告訴我：趁着你來，我們可以召開一個國際性的學術大會，題目初定為「國家．社會．個人」，由三個人組成籌備委員會，除了我們兩人之外，還有陳邁平（華裔學者，時任斯德哥爾摩大學中文系講師）。我說邁平很能幹，他多做些事，我可以幫助草擬邀請名單，我們把東西方最有名的人文學者都請來。羅多弼聽了很高興，並告訴我，已申請了十萬克朗的會議基金，既然我來了，學術會的籌備工作就可以啟動了。我到瑞典的頭一個月，除了每星期講座一次外，還做了一件事，就是草擬與會者的名單。我寫下的名字，有余英時、張灝、林毓生、李澤厚、葛浩文、金觀濤、劉青峰、陳方正、汪輝、甘陽、李陀、劉禾、劉紹銘、王元化、朱維錚、孫長江、蘇紹智、高行健、北島、劉小楓等。接下去，發佈會議通知、購買機票、聯絡與會者等繁雜的工作都由陳邁平負責，沒有他，會是開不成的。我除了協助聯絡之外，自己還認真地寫了一篇《文學對國家的放逐》的綱要性論文。籌備了將近一年後，第二年（一九九三年）六月會議準時召開。這個會可謂盛況空前，很難再有了。會議期間，馬悅然請了余英時、李澤厚、王元化、劉紹銘、蘇紹智和我在瑞典學院辦公（評審諾貝爾文學獎）的小洋樓二層吃飯，並暢談了一下諾貝爾文學獎應當授予誰的坦率看法，以及如何幫助流亡海外的作家。與會者個個暢所欲言，毫無遮攔，除了飯食過於簡單讓我失望（主要是準備了好酒）之外，所有的發言都讓我非常高興。這個會議剛結束，我們（籌備組）就組織與會者坐輪船從斯德哥爾摩出發到俄羅斯去遊玩。那時，蘇聯剛解體，我們前往的「列寧格勒」已改名為「聖彼得堡」。在阿芙樂爾號炮艦之前，我們一行十幾個人合照了一張很有紀念意義的相片，照片中的人物有高行健、北島、李澤厚、劉再復、金觀濤、劉青峰、陳方正、汪輝、李陀、劉禾、陳菲亞、劉蓮等。

在斯德哥爾摩大學一年，菲亞和小蓮就在身邊。菲亞沒工作，每月有七百克朗的生活補助費。小蓮則免費上了英語國際學校。那一年，我們一家與馬悅然一家交往異常密切。記得一次，我和菲亞到了馬悅然家裏，見到他家裏有高行健、李銳、虹影等人的書。他拿起莫言的《十三步》說：「我怎麼看不懂這本書？」於是，我就把小說拿回宿舍。正好，國內給我寄來莫言的《酒國》。我把兩部書都閱讀完了之後，覺得《十三步》太先鋒，所以馬悅然讀不進去，如果是《酒國》，他一定會沉醉進去。於是我就和菲亞商量，晚上到系裏複印一下《酒國》和李銳的《舊址》。於是，我們冒着大雪（其時已是十一月底）來到辦公室，把兩本書（加起來共六七百頁）複印下來，第二天交給馬悅然（還多印了一本，給了羅多弼）。那時，我只有一個願望，希望馬悅然能對莫言獲得一個新的、好的印象。他對李銳的印象很好，並認為對於人性的書寫，莫言不如李銳準確。

我很希望他能通過我複印的《酒國》，對這位不同凡響的中國作家能獲得一種新的認識。大約在那同時，我問馬悅然：「我想推薦高行健，這會影響您的工作嗎？」他立即表示：「不會。」還說：「你推薦你的，我推薦我的，不會衝突。」我知道當時他在全力推薦北島，如果我推薦高行健，也許會影響他的工作。現在他既然這麼說，那我就放心地推薦我的好朋友了。於是，我在這一年裏，正式向瑞典學院（當時我稱它為瑞典文學院）遞交了推薦信，鄭重推薦高行健為諾貝爾文學獎候選人。推薦書一份中文，一份英文。中文由小蓮抄寫，英文由她翻譯。推薦信全文如下：

尊敬的瑞典文學院：

我以一個中國文學研究教授的身份，鄭重地向您推薦中國作家高行健作為諾貝爾文學獎的候選人。現在，我把推薦的理由申明一下。

高行健，小說家，劇作家，也是畫家兼導演。一九四〇年生於江西贛州，祖籍江蘇泰州。一九六二年畢業於北京外國語學院法語系。文化大革命期間下放農村五年多。他一直私下堅持寫作近二十年，直到一九七九年才開始發表作品。

高行健是八十年代中國文學復興以來極為突出的一位作家，不論是打破中共官方僵死的文藝路線，還是就中國文學的個性而言，或是就重新發揚中國文化的精髓來看，他都成就卓越。

一九八一年，他的《現代小說技巧初探》一書的出版在中國文學界引起了一場「現代主義還是現實主義」的論戰，受到批評。從此便一直被中國官方視為異端。

一九八二年，他的劇作《絕對信號》在北京人民藝術劇院上演，引起轟動，開創了中國的實驗戲劇。法國《世界報》評論稱「先鋒派戲劇在北京出現」。他因此又招致中共官方的批評。

一九八三年，他的荒誕劇作《車站》在北京人藝剛內部演出便被禁演。

他本人也成為中共「清除精神污染運動」的靶子，被禁止發表作品一年多。

一九八五年，他的《野人》一劇在北京上演，美國《基督教箴言報》評論稱該劇「令人震驚」，在中國文藝界再度引起爭論。

一九八六年，他的《彼岸》一劇尚在排演便被終止。從此，中國大陸便不再上演他的戲。

一九八七年底，他應邀去德國和法國繼續從事創作。

一九八九年天安門事件，他抗議屠殺，宣佈退出中共，以政治流亡者身份定居巴黎。

一九八九年因《逃亡》一劇，被中國官方再度點名批判，開除公職，查封他在北京的住房，他的所有作品一概查禁。他也發表聲明：有生之年不再回到極權統治下的中國。一九九二年法國政府授予他「藝術與文學騎士」勳位。

他流亡國外五年，創造力仍然不衰。他的許多作品已譯成瑞典文、法文、英文、德文、意大利文、匈牙利文、日文和弗拉芒文出版。他的傑作在瑞典、德國、法國、奧地利、英國、美國、南斯拉夫以及中國台灣和香港等地頻頻上演。西方報刊對他的報道與評論近兩百篇。歐洲許多大學中文系也在講述他的作品。他在當代海內外的中國作家中可說成就十分突出。

他一方面將西方現代文學的觀念與技巧融化到他的作品中去，同時又浸透了從老莊哲學到禪宗所體現的東方精神。他既觀照中國的社會現實，又從中國古文化和殘存的原始民間文化中汲取靈感，是中國當代罕見的一位有自己的哲學觀和歷史觀的作家。

他在中國大陸早已着手、在巴黎脫稿的代表作長篇小說《靈山》（前後花了七年時間完成）揭示了中國文化鮮為人知的另一面，即他所謂的中國長江文化或南方文化，換句話說，也就是被歷代政權提倡的中原正統教化所壓抑的文人的隱逸精神和民間文化。這部小說，上溯中國文化的起源，從對遠古神話傳說的詮釋，考察了漢、苗、彝、羌等少數民族現今民間的文化遺存，乃至當今中國的現實社會，通過一個在困境中的作家沿長江流域奧德賽式的流浪和神遊，把現時代人的處境同人類普遍的生存狀態聯繫在一起，加以觀察。中國當代小說中還沒有一部作品如此深閎博大。

他毫不迴避中國的種種社會現實，哪怕中國當前的政治，並不止於一般的抗議和揭露，他那種透徹的懷疑主義引發的思考和對中國傳統的倫理教化的反思，浸透了自嘲，所具有的顛覆性遠更為深刻。他對現今人的生活方式，對自我，乃至對語言的質疑，都毫無矯飾，達到一種不可言盡又無可言說的境界。

《靈山》的結構十分複雜。第一人稱「我」同第二人稱「你」實為一體，後者乃前者的投射或精神的異化。第三人稱「他」則又是對第一人稱「我」的靜觀與思考。全書八十一章，便由這三者分為三個層次。第一人稱的章節中出現的女性「她」，同第二人稱的章節中出現的「她」，也有所不同，前者是「我」在現實中遇到的活人，後者乃是「我」通過「你」喚起的回憶與想像。這個「她」並非通常的一個或若干人物的集合，而是作者對女性的描述的一系列變奏。作者對心理活動的刻劃，訴諸東方式的靜觀，又遊筆於種種玄想，同樣也淋漓盡致。

高行健作品中的語言純淨流暢，又很精緻，他不愧為中國現代漢語的一位革新家，不僅講究聲韻，節奏變化多端，而且文體不斷演變，自由灑脫。他在語言上的這些追求豐富了現代漢語的表現力。

從他早期的中、短篇小說到這部《靈山》，他一直在追求各種不同的敘述方式。《靈山》是他這些實驗的集大成者。他從中國古代小說散文傳統出發，將神話、寓言、誌人、誌怪、風物地理、傳奇、筆記、故事熔於一爐，又把西方現代小說中的意識流變為一種富於漢語音韻的語言流，從而找到了他自己的小說形式。

他的戲劇作品，題材非常豐富，表現形式無一重複，他無疑是中國當代最有首創精神的劇作家。他在中國首先引介了西方荒誕派戲劇，異軍突起，在中國最大的劇院開創了實驗戲劇，在北京他每一齣戲的演出都釀成事件。

他以現實的社會問題為題材的《絕對信號》，將現實環境、回憶與想像交織在一起，在一個有限的貨車車廂裏把劇中的五個人物的心理活動展示得極有張力。另一齣《車站》卻從現實走向荒誕，把貝克特的突然等待那個思辨的主題變成日常生活的喜劇：一群人在一個汽車站牌下等車，懷着各自微小而不能實現的願望，年復一年，風吹雨打，到頭來方才發現這車站沒準早已作廢。可又互相牽連，誰也走不了，笑聲中隱藏的尖銳的政治諷刺令人心照不宣，同時又有讓觀眾不免也嘲弄自己。

扎根民間傳唱的大型現代史詩《野人》，所包含的隱喻更層出不窮，正如他的許多劇作，對官僚主義，對人的普遍生存狀況，對現代文明的弊病，不同的觀眾可以有不同的領悟。在德國由漢堡的達利亞劇院再度上演時十分轟動，評論多達六十篇，認為是對東方戲劇的重新發現。

他還有專以遠古神話為本的《山海經傳》，近乎一部東方的聖經，從創世紀寫到傳說的第一個帝王，七十多個天神，考據嚴謹，將散漫的中國遠古神話，消化成篇，處處透出作者治學和藝術的功底。

《冥城》原本脫胎於一個道德說教的戲曲老劇目，他卻將被儒教歪曲了的莊子還其哲人的面貌，並把無法解脫的人生之痛注入其中。從戲劇觀念和形式方面來說，實現了他對中國傳統戲曲的改造，使之成為一種說唱做打全能的現代東方戲劇。

《彼岸》則從做遊戲開始，導致人生的各種經驗，愛慾生死，個人與他人與眾人的相互關係，都得到抽象而又充滿詩意的舞台體現。該劇也可以說是一部超越民族與歷史的現代詩劇，個人在社會群體的壓迫下無法解脫的孤獨感，表現得令人震動。

《逃亡》……不只限於譴責屠殺，還賦予更深一層的社會哲學含意。人哪怕逃離迫害，逃避他人，卻注定逃避不了自我，把薩特的命題再翻一層。他這個劇本不僅立即招致中共官方公開批判，在歐洲也引起許多反響，瑞典皇家劇院首演之後，德國紐倫堡城市劇院等也相繼上演。英國BBC電台全劇廣播，法國和比利時分別舉行了排演朗誦會，德、英、法文三個譯本業已出版。甚至連非洲的多哥也即將上演。

他的新劇《對話與反詰》則回歸禪宗公案，用一種冷峻的幽默來觀照現今人與人之無法溝通這種病痛。該劇由作者本人導演，在維也納首演後，奧地利的報刊評論：「禪進入荒謬劇場」，「劇中的對話創造了一種精緻的舞台語言」。

由法國文化部訂購的他的《生死界》一劇，則通過一個女人的內省，精微表達了現代人的無着落感、惶惑與困頓。法國戲劇界和漢學界也認為「高行健是中國當代最有名的劇作家」，「雖然人在巴黎，足及世界，卻不會是一個斷了根的全球性的藝術家，依然頭頂草帽，從他的天國和相互矛盾的紛繁花卉中汲取靈感，不斷豐富自己的創作」。

中國現當代許多劇作家，一直在努力追隨西方過時的潮流，他卻回臨中國戲劇傳統，從中找尋到一種現代的東方戲劇的種子，並且同西方當代戲劇得以溝通。他每年一齣新戲，很難意料他下一齣戲又將走向何方。總之，他着意從戲劇的源起去尋找現代戲劇的生命力，一再聲稱他的實驗並非反戲劇，相反強調戲劇性和劇場性。他提出的關於表演的三重性，即自我與演員的中性身份和角色的相互關係，是他的劇作的一個契機。他的劇作總為演員的表演提供充分的餘地，這恐怕也是他這些雖然充滿東方玄機和哲理的劇作能在西方劇院不斷得以上演的一個原因。他應該說也是迄今被西方大劇院接受的唯一的中國劇作家，並且開始預訂他的新作。他的戲劇理論，也已引起西方戲劇界的注意，影響正在日益擴大。

據上述理由，我提請您，尊敬的瑞典文學院，關注和考慮我的推薦。

此致

崇高的敬禮

原中國社會科學院文學研究所研究員、
原中國社會科學院文學研究所所長、
美國科羅拉多大學客座教授、
瑞典斯德哥爾摩大學客座教授

劉再復

一九九二年十二月十五日

有一天，馬悅然到我家，說：「如果諾貝爾獎願意選擇中國的戲劇與小說，那麼高行健可能最適合。但如果選擇詩人，那應當選擇誰呢？您能告訴我，您最喜歡的三位詩人是誰嗎？」我立即回答說：「我最喜歡的三位詩人是北島、舒婷、蔡其矯。」他說，蔡其矯我不認識，北島與舒婷都不錯。可是，一天傍晚，陳寧祖大姐邊走進我的房子，邊叫喊着：「再復再復！告訴你一個壞消息！完了完了，北島完了，沒有評上，以後沒有機會了。」她生性坦率，特意來告訴我，北島今年進入前五名，但院士們對五名候選人進行投票，北島沒選上，她為此感到可惜、遺憾。她是一個性情中人，天生具有滿腔故國文化情懷，原以為北島肯定可以獲得諾貝爾文學獎，結果落空了。我能理解她，並安慰她說：「中國作家詩人，早晚會有人得獎，不用着急。」我說話時，心裏就冒出高行健的名字。從此之後，我更積極地推薦高行健，幾乎每年都寫一次推薦信。一九九八年我為《一個人的聖經》作跋之後，立即寫了一封信給瑞典學院，說這部新作品問世之後，高行健的條件更充分、更成熟了。我還為《信報》寫了一篇文章，題為《中國文學的曙光》。稱讚高行健是「中國文學的曙光」。二〇〇〇年，高行健果然獲得了諾貝爾文學獎。得獎之後一個小時左右，我首先接到馬悅然的電話。他在電話上說：「高行健得獎了，我們的選擇沒有錯。可是從此之後，你的祖國該又要罵我是『階級敵人』了。我要感謝你和你的夫人陳菲亞，你們幫助我把《靈山》打印出來，當時，我實在認不清他的手稿。」接着，我又接到高行健的電話，他說：「被記者堵得緊緊，到現在才能給你打電話。我們總算是很爭氣了，我們的奮鬥終於有了一個結果。」

因為高行健的獲獎，我被香港許多大學邀請，實在忙不過來，只到香港科技大學、香港理工大學、香港城市大學作了講演，主題全是「高行健的文學狀態」。後來我又到新加坡繼續講述。一邊是為中國終於獲得諾貝爾文學獎而高興，一邊則是為此而生氣，而不平。大約是高行健獲獎之後三個月，我陸續收到大陸朋友寄來的攻擊文章。因為有心理準備，看了全部一笑置之。倒是菲亞替我保存的一篇發表於《文藝理論與批評》雜誌、署名「鄭凡夫」的文章，讓我認真讀了讀，因為文章除了把矛頭指向高行健之外，還直接對我展開人身攻擊。但此文又從反面證實我所做的一切。我讀了之後並不生氣。只是有一個問題，我不明白：一九八八我首次到瑞典時，就立下決心，要為中國文學「搖旗吶喊」，甘當作家們的「馬前卒」，完全沒有私心私利，為什麼鄭凡夫們要抓住這一點，對我進行謾罵、侮辱、誹謗、攻擊？難道我生為炎黃子孫，艱難地為炎黃社稷爭點文化榮譽也有罪過嗎？為了便於日後的歷史評判，我把鄭凡夫文章

（文章很長）的一小段錄在這裏：

1999年8月，《北京文學》發表了劉再復的長文《百年諾貝爾文學獎和中國作家的缺席》。這篇文章發出這樣的預言：「中國作家缺席只屬二十世紀，絕不屬二十一世紀。」「二十一世紀的諾貝爾文學火炬家族將會迎接不只一個的中國天才。」請注意，劉再復是把1999年當作二十世紀的終結的。他的文章明明白白地提出了高行健的問題。劉用濃重的筆墨介紹了瑞典漢學家馬悅然，說他是「瑞典文學院中唯一懂得漢語的院士」，「是把中國文學作品翻譯成瑞典文的最積極、最有成就的翻譯家」，「是傑出的，而且是積極的，他的眼睛時時在尋找中國文學的星光。」彷彿馬悅然就是中國文學家的海外伯樂。劉把馬說成瑞典文學院遴選中國文學的舉足輕重者，這一點是道出了真情。劉的文章介紹了被馬悅然看中的幾個中國作家。文章說，馬悅然首先看中了沈從文，「把他的小說翻譯成瑞典文。

瑞典文學院的院士們也很快地把他放在自己的第一視野之內。到了1988年，他的條件已完全成熟，據說，瑞典文學院已初步決定把該年的文學獎授予他了。可惜，他卻在這一年的5月10日去世了。按照文學獎章程的規定，死者是不可以作為獲獎者的。」文章接着寫道：「沈從文去世之後，他又選擇了北島、高行健、李銳……」劉再復介紹了馬悅然和上述這些人的關係以及對他們創作的關注，其中，關於高行健，花的筆墨最多。劉再復稱讚高行健「在當代海內外的中國作家中可說成就十分突出」。「1988年12月我初到瑞典時，他（即馬悅然）就對我說，高行健的每一部劇作都是好作品。當時他很高興地捧起一大疊手稿，告訴我說，這是高行健剛剛完成的長達四十萬字的長篇小說，可是都是手寫的，他讀得很費力，不知道怎麼辦？我因也喜歡高行健的劇作和他的其他文字，所以就說，讓我把稿子背回中國，打印好了再寄還給你。於是，我把《靈山》初稿帶回了北京，打印校對好了之後，我請瑞典駐華使館的文化參贊交給馬悅然。馬悅然接到打印稿後非常高興，並立即譯成瑞典文，因此，《靈山》的中文本尚未出版，瑞典語的《靈山》譯本已經出版了。」

劉再復在文章中透露出，他和馬悅然以及瑞典文學院有着很不一般的關係。「我和馬悅然夫婦第一次見面是在 1987 年，北京。……我們一見如故，顧不得寒暄就談論中國文學。」「1988 年秋天，我接到馬悅然和瑞典文學院的正式邀請函，邀請我參加 12 月 10 日舉行的五項諾貝爾獎的頒獎儀式。馬悅然告訴我，這是瑞典文學院邀請的第一位中國作家……而瑞典文學院請我也一定是把我當作一個中國文學的評論者和研究者，一個有資格參加推薦的學人。」「參加了這次頒獎儀式之後，一種使命感開始在我心中覺醒：我應當履行一個中國文學研究者的責任，好好推薦祖國的幾位詩人與作家。不管是誰，不管他們是身處內地還是身處台灣或香港，只要他們確實高擎着人類光明的火炬，而且具有不同凡響的創造業績，我都應當作他們的馬前卒，為他們搖旗吶喊。」「我在 1992 年夏天，接受斯德哥爾摩大學東亞系主任羅多弼教授和他的老師馬悅然教授的邀請，前去擔任客席教授一年。」「1993年我『客座』斯德哥爾摩大學時……馬悅然特別邀請了余英時、李歐梵、劉紹銘、李澤厚、王元化和我到院士們經常聚會的小樓上座談，他誠懇地徵詢大家對中國文學現狀的意見……」劉再復得意洋洋地稱自己是「一個有資格參加推薦的學人」，而且信誓旦旦地表示要「搖旗吶喊」，當「馬前卒」。這些話當然不會是僅僅說說而已。

從上面的材料中可以看出，高行健獲2000年諾貝爾文學獎，馬悅然和瑞典文學院固然起了決定性的作用，劉再復這樣的動亂精英也起了推波助瀾的作用。從一定意義上說，是他們聯手演出了這樣一場鬧劇，雖然後者只是跑跑龍套，搖搖旗子。劉再復著文吹捧高行健，為《靈山》打字，為《一個人的聖經》寫跋，為推出高行健不遺餘力，他的確是一個功不可沒的「馬前卒」。

第十五章

抄家

與長女劍梅在香港科技大學的畢業典禮上合影

一九九四年初秋，我們一家從溫哥華卑詩大學搬回美國科羅拉多州的Boulder。到了Boulder城，彷彿回到了故鄉。我對落基山下的這座小城特別喜愛，覺得它是一個未被現代商業潮流捲走的城市，也是一個未被人類社會充分發現的城市。全城人口十萬，科羅拉多大學師生就佔了三萬多，是個名副其實的大學城。這座小城離大自然很近，背靠落基山，滿眼千秋雪。這裏的居民每年都在投票，決定要不要發展。居民們多數總是說「NO」。因為它保守，所以保持了古典美。它的城廓雖小，但所有的現代化成果都有。往前走四十分鐘，可以到達大城市丹佛；往後走四十分鐘，則可以到落基山深處觀賞湖泊、森林和別具風格的山間小鎮。況且，城中還有一條貫穿全城的小溪，小溪兩邊又是人行小路，整個佈局錯落有致，安靜、平和、端莊、文雅、繁榮。如果上帝委託我設計「天堂」，我當會以此城為範本。所以回到Boulder，我馬上決定在這裏駐扎下來，給漂流生活標上一個逗點。於是我和妻子在小女兒劉蓮的帶領下尋找房子，並很快就買下213 Seminole Dr.這座擁有一大片草地（大約兩個籃球場之大）的「別墅」。價格是十七點四萬美元，我們交了四萬美元的首付款之後，每月只要付一千美元的月供。這樣，我們在美國算是有「立足之所」了。為此我興奮了好久。搬進新房的頭兩天，我獨自買了兩桶塗料，把房子四壁全部刷了一遍。菲亞看了之後十分驚訝，連問：「你什麼時候學的這一套功夫，兩個晚上就讓房子面目一新？」我驕傲地說：「我在幹校三年，是白過的嗎？那時，我們自己燒磚、刷牆，什麼活兒沒幹過？！」

搬進新家之後，我們照樣上班。唯獨我媽媽坐在新房子裏，感到異常寂寞，鬧着要回中國。她說：「我坐在大房子裏，整天看不到一個人，很害怕，讓我回去吧。」大約在十月裏，我決定讓菲亞帶着老媽媽回福建，也順便到北京寓所裏幫我取出一些書籍與學術資料。如果方便，也可以和院部談談，我們可交還四室的房子，但請求給我們一套可以放下書本的小公寓。一切都想好了，就這麼辦。經過五六年的時間，我和李澤厚的《告別革命》已經整理完畢，「革命」的心態已變成「妥協」的心態。我想，我和中國社會科學院本就關係很深，現在我主動「妥協」，他們應當會給我一點「面子」，不至於傷害我。於是，就在十二月二十五日，我打了一個電話給副院長汝信，電話打過去時他不在家，是他的夫人接的電話。我從未見過他的夫人，但從電話裏聽出，那是十分誠懇和藹的聲音。她說：「我們都盼着你早點回來，我和汝信都喜歡讀你的散文。」與此同時，菲亞在廈門也通知了文學所裏的幾位副所長和朋友。

萬萬沒想到，就在菲亞想飛往北京的時候，十二月二十七日下午，社科院的一幫人拿着錘子、電鑽、電鋸等工具，到車公莊我的寓所，強行破門而入。我出國後，把房子借給我的年輕朋友、《文學評論》編輯李以建居住，當時他的妻子和小孩都在裏邊。這幫人沒有向屋中人通報自己是誰，以建的妻子自然不敢開門。於是這幫人氣急敗壞，動用鐵錘、電鑽、電鋸，強行進入，然後把以建一家趕出，說是法學所有一戶新人要住進來。房裏有我的五十多箱書籍、字畫，被這幫人七手八腳，全部搬入地下室。

當時以建在北京的一些同學、好友，到樓道上與這幫人爭辯，企圖阻止他們的抄檢行徑，但「理」哪能贏得過「勢」，爭辯當然無濟於事。但他們把抄檢的消息立即告訴了我，於是我立即通知北京的一些朋友，特別是有點政治地位的朋友。我告訴了伍紹祖，他當時是中央委員、體委主任。聽到這個消息後，他立即給王忍之打電話，說明情況，並告訴王忍之，如此對待劉再復，太過分了。王忍之接了電話，佯裝什麼也不知道，只說：「我去問問，我去問問。」我也同時打電話給僑辦副主任林一心，他是我的老領導、老朋友，我出國後他一直關心着我，他說他立即找胡繩追問此事。過了幾天，胡繩向他解釋道，他已不管社科院了，據院裏領導說，凡出國太久未歸，一律收回住房。可是據我所知，劉賓雁等人的住房並未收回。於是，我決定「抗議」，便發表了《關於我北京寓所被劫事件聲明》，刊登在《香港聯合報》和《明報》上。

最近幾年，我雖身居海外，但心繫故國。我以愛祖國、支持祖國改革開放和愛人類、溝通中外文化為宗旨，潛心於學術研究和文學創作，不涉及政治組織和政治活動，並以學理性的眼光認定現在中國所選擇的以經濟為本的改革「開放」富強之路是對的。正是從這一認識出發，我希望明年能回國到北京和全國各地看看，我一直相信只有切身的感受才是最可靠的感受。為慎重起見，我讓我的妻子陳菲亞於十二月上旬先回國作些準備，包括與中國社會科學院的負責人商談解決房子事宜。因此，我從美國、我妻子從廈門均分別把我們的行程、計劃、心願，通知社科院，並具體地説明陳菲亞已買好機票，將於二十八日到達北京。我特用長途電話通知胡繩的秘書、汝信的愛人和通過文學所副所長曹天成通知社科院秘書長郭永才。可是，我萬萬沒想到，社科院的某些領導人卻偏偏選擇在我妻子到達的前一天，由郭永才出面指揮，採取暴力行動。他們指派十幾個蠻不講理的人，強行把住在我房裏的文學所副編審李以建的妻子和孩子拉到一間地下室，然後用電鑽、電鋸破開我的門鎖，之後，便強行搬走我家中的全部財物：字畫、文物、文件、上萬冊書籍、學術數據，其中包括聶紺弩老先生臨終前送給我的九箱線裝書，周揚生前讓我保存的報告（我起草的四次報告）、修改手稿及數十封中央領導人的批示原件，林達光教授寄存在我房中的打字機和一箱數據，和馬思聰的女兒馬碧雪委託我們管理的財產（馬碧雪的兒子是我的女婿）。他們這樣做，竟然不履行任何法律手續，沒有任何公證人，甚至不留下行動負責人簽署的字據，也沒有任何財產清單。至今我和我的妻子還沒有得到任何通知，也不明上述財物的下落。

這種以暴力闖入個人家宅的洗劫行為，於理不容、於情不容、於法不容，令人難以置信。這是文化大革命劫難之後極為罕見的暴虐侵犯事件，是對《中華人民共和國憲法》和人類文明起碼準則的瘋狂踐踏。尤其令人驚訝的是，此事竟發生在中國社會科學院這樣一個研究文明的單位，這就更嚴重地損害中國在國際上的文明形象和道義形象，並將造成極為惡劣的影響。而在國內，此事嚴重地破壞中國改革的和諧環境，它將給許多知識分子心中投下恐怖而無人身安全的陰影。至於我個人，這一事件則嚴重地傷害到我一家懷愛祖國的最寶貴的感情。

關於我的房子問題，我一直誠懇地和社科院協商。我深深了解國內住房的困難情況，所以在兩屆擔任文學所所長期間，一直拒絕社科院給我所謂「所長級待遇」的四間房，全家五口人一直住着三十三平方米的三間房（勁松區），直到一九八九年「六四」前幾天，社科院這位秘書長郭永才出於投機心理硬塞給我，所以我一直沒住過這套新房子，現在也不會迷戀這套房子。正是這樣，我在今年七月二十一日寫信給胡繩、汝信，商討是否可讓我買下。他們說不行後，我於八月二十日又去信說，只要有社科院負責人給我房中財物的安全保證書，我可以退還住房。但如果丢失房中財物文件，保證人應負法律責任。我已做到仁至義盡。此次社科院某些負責人這樣做，完全是為了製造事端，切斷我的歸國之路。社科院現任實際負責人王忍之從一九八七年就開始打擊我，以宣洩他對改革開放路線的仇恨；而現任秘書長則是一個毫無品行、為虎作倀的人，在文化大革命中他就是王、關、戚一派的打、砸、搶骨幹，一再興風作浪，此次他為了實現自己的權力慾望，見利忘義，完全不顧一切地胡作非為。

鑑於事件性質的嚴重，為了維護個人的生存權利，也維護國家法律的尊嚴和人類道義準則的尊嚴，我將對王忍之、郭永才提出法律起訴。在這之前，我向中國政府提出四點要求：

（1）查辦嚴重違法、踐踏人權的事件當事人、社科院的秘書長郭永才和社科院的實際負責人王忍之。

（2）告訴我的財產下落，立即給予財物清單，把全部財物放回原處，然後進行房子問題的協商和辦理有關手續。

（3）給我妻子一個立足之所，以讓她到北京和科學出版社（工作單位）商談工作問題和正常生活。原來住在房中的文學所副編審李以建一家的住房，也應給予解決。

（4）整個事件是對我個人尊嚴的嚴重踐踏，社科院領導人必須以書面形式向我公開道歉。如果能認真對待上述要求，那將證明中國法律的嚴肅性和有效性，也將證明中國政府對個人權利的尊重和對野蠻的拒絕。

這一事件，是針對我個人，但也不僅是針對我個人。因此，我想藉此機會提醒中國政府和公眾社會：在當代中國，極左的勢力是根深蒂固的，他們作為極端頑固派，一直以陰暗和敵視的心理對待中國這種重大的改革，因此他們總是無事生非，蓄意製造事端，以破壞中國改革所必需的和諧環境和國際聲譽。現在他們採取的總策略是打着堅持毛澤東思想的旗幟，順理成章地設置一個毛澤東思想的歷史審判台，然後在現在和將來審判七十年代末以來的各類中國改革者，包括從鄧小平到我們這些改革思想者，以恢復無產階級專政下繼續革命和階級鬥爭的極左秩序。極左勢力，是世紀之交阻礙中國進步的一股最危險的勢力。如不警惕，中國的改革開放事業，將前功盡棄。

聲明一發，港、台、海外真的爆炸了。連我也沒想到，一紙聲明，竟有如此巨大的效應。就在我的聲明發出的第五天（即一月二日），紐約的《世界日報》發表了一篇題為《海外學者抗議劉再復寓所被抄》的報道，全文如下：

本報紐約記者曾慧燕二日電：目前流亡美國的原中國（大陸）社會科學院文學研究所所長劉再復，上月二十七日北京寓所被抄家一事，連日來在海外造成強烈反響，多名著名中外學者，對此均表震驚和憤慨。一群大陸留美學生則在一封「致祖國的公開信」中悲憤地表示：「當暴徒們的電鑽和電鋸，可以自由地鑽透鋸爛再復先生的家門的時候，我們對於你的信念也被無望地裁成了冰冷的兩半。我們迷失了正在或即將踏上的歸程。」

瑞典學院終身教授、諾貝爾文學獎評審委員馬悅然獲悉此事後，立即致函劉再復，表示社科院抄家之舉，「是非常恐怖的事情」，他已就此事向中共駐瑞典大使館提出抗議，並通知國際筆會和北歐所有的媒體，北歐主要媒體對此均大事報道。

馬來西亞南洋商報總主筆王錦發致函劉再復說，「此事不但令人憤慨，而且令人齒冷」。

劉再復所在的美國科羅拉多大學教授葛浩文、唐小兵對此表示極大憤慨，指此舉「如劫機的恐怖分子所為」。包括哈佛大學教授李歐梵在內的一些教授和作家，正在撰寫譴責文章準備投書報刊。

正在香港訪問的大陸著名美學家李澤厚，也對此表示「非常憤怒和驚訝」、「豈有此理」；他並表示，這次事件做得「太粗野、太拙劣」了，在海內外影響很壞。

原與劉再復同一單位的美國普林斯頓「中國學社」成員、「民主中國」雜誌副主編蘇煒指出，劉再復是一位非常溫和的改革派和學者，雖然因八九年「六四事件」流亡海外，但一直潛心學術研究，沒有參加政治活動。他質疑，「現在中共連劉再復這樣的人都容不下，我們怎麼辦」？

除了報道中提到的馬悅然、王錦發、李歐梵、李澤厚、蘇煒之外，寫文章譴責中國政府、支持我的聲明的還有著名的社會評論家羅孚、南方朔、胡菊人等。在此事件過程中，每一篇相關的文章，不管是支持我的還是社科院發言人攻擊我的文章，我都心平氣和地閱讀。有幾篇文字深刻刺激了我，給我留下永遠難忘的印象。首先是南方朔先生所寫的《中國應召喚旅外學者回歸》。此文大約兩千字，發表於一九九五年一月十一日的《明報》。他的最後一段用非常平實、非常誠懇的語言說道：

近年來，個人因文化學術工作之故，而與許多中國大陸的文士知識分子來往，與劉再復最稱莫逆。他是那種在大陸已日漸稀少的紳士型學者，一心向學，卑亢得宜，高度的非政治，縱使流亡，亦毫無所嗔，只希望能返回自己的國家，繼續學問生涯。而一個這樣的知識分子都難逃粗暴，在中國現代化還需要大量旅外學者專家來充實其官僚體系的此刻，中國向這些人才招手的本錢還有什麼？劉再復案發生後，接獲他報知的電話，突然由他的不幸，就想起了美國的龐德和法國的熱內，以及中國大陸開放改革中正嚴重斷層的中上級官僚體系。而對中共領導層而言，在現代化已經處處出現瓶頸的此刻，或許也可以從劉案，重新思考諸如召喚旅外學者，以更細膩調和的方式重編其社會控制體系，以及建造更有效率且合理的官僚體系等問題了！

南方朔是台灣民間知識分子的代表性人物，其理性智慧在台灣公眾社會中享有極高的威望。他一貫守持的是價值中立的政治立場，對大陸政權也從未有過微辭。此文可謂句句語重心長。他苦口婆心地勸說大陸政府在改革開放的歷史時節不僅不應排斥像我這樣的知識分子，相反，應當歡迎他們回國去調和業已形成的官僚體系。我讀了此文後產生了深深的共鳴，那時，我並無「打倒」對方的義憤，只是惋惜，部分權力機構一旦被極左勢力所掌握，中國的改革大業恐怕要毀於一旦。

第二篇讓我印象極深的文章，是海外一群留學生，他們竟然發表了一篇「致祖國」公開信。此信不是南方朔似的理性勸告，而是情感燃燒，悲情交加。我讀後不僅感動，而且受了震動與驚動，以至於產生了應當遏制這場海外的「聲討政府」形勢的念頭。這封信的全文如下：

祖國，請對我們說——
一群旅美大陸留學生就劉再復事件致祖國的公開信

新的一年來臨之際，祖國，當我們這些海外遊子從四面八方相聚在一起，舉起斟滿的酒杯正準備向着遙遠的你獻上我們真誠的祝福的時候，我們不約而同地哽咽了。悲哀淹沒了我們的鄉愁，激憤澆滅了我們的憧憬。當你的兒女們正在為你疾步前行激動不已的時候，祖國，你為什麼再一次令我們失望！

一份份報紙上傳遞着同一個令人戰慄的消息：著名學者劉再復先生在北京的寓所遭到洗劫，大批珍貴的藏書、字畫、私人手稿及信札下落不明。

如果，這發生在二十多年前；如果，這發生在八九年的夏天；如果，這不是發生在全中國的社會科學院；如果，這不是發生在祖國，你的心臟，北京；我們智商健全的想像力或許還能接受，或許還能為這一事件搜索一些多少尚能自圓其說的解釋。然而，我們不能。因為我們不能欺騙自己，說這不是人類文明史上的紀元後的第一千九百五十五年。因為，我們不能欺騙自己，說這不是發生在全世界又一次將試探、期待的目光投向的地方，那個我們從小吟唱着金色的太陽升起的地方。這究竟是怎麼一回事？！祖國，你的遠方的兒女請你對我們說！

祖國，當我們在浪跡四方的冷漠與孤獨中輕聲叨唸起這兩個字的時候，我們也就似見到了你，見到了母親沉默而慈祥的面龐。濃濃的黑暗中思念吞噬了睡夢，無論是風是霧是雨是雪，我們總會靜悄悄摸索地爬起，尋找你所在的方位，像受了委屈的孩子把淚水傾灑給你溫馨的胸脯，誰叫你是我們的母親呢？

然而，什麼時候起，你的雙眼被人蒙上了霧紗，美麗豐滿的軀體任你的罪人們注射慢性自殺的毒液，因為你開始習慣於惡狼的嚷叫，並把牠的兇惡當成了對你的忠誠。在廉價的虛偽的讚美聲中，你開始容忍野蠻的暴行，開始容忍良知的墮落。就在今天，就在溫暖明亮的太陽底下，當你的兒女中的一員劉再復先生的人的基本權利和神聖尊嚴像糞土一樣遭人踐踏的時候，你怎麼能夠心安理得地微閉起眼睛佯裝不知呢？我們的母親不是這樣！我們的母親不該是這樣！

祖國，當你的胸脯不再能護愛你所給予的每一個生命的時候，當你可以默許、鼓勵，甚至更可怕的是親自設計今天這一幕獸性鬧劇的時候，你也就喪失了你母親的偉大、莊嚴和資格，在你的兒女們的眼裏，你將失去你美麗的引力。這就是為什麼我們提起了沉重的筆。我們知道，我們不是為了一個劉再復，我們是為了和劉再復一樣普通、真誠、執着的成千上萬的我們，一個個常常被你親切地喚作少女的我們。

祖國，當北京之大，當中國之大竟放不下一個溫和、理性的學者的一張書桌的時候，告訴我們，哪裏還會有未來我們的書桌的位置？哪裏還會有能為我們遮風避雨的屋檐？

祖國，你什麼時候又成了這個樣子？痛苦、迷惘的遊子請你對我們說！

祖國，因為你對這一暴行的沉默或者掩飾將使我們不再敢輕易答應你的呼喚，不再敢輕易接受你的承諾。剛剛撫平了的記憶又一次沖決，而今，如一團烈火疼痛地灼燒着我們的情感。要知道，在你的身邊，當暴徒們的電鑽和電鋸可以自由地鑽透鋸爛再復先生的家門的時候，我們對於你的信念也被無望地裁成了冰冷的兩半。在這一酷烈的洗劫的廢墟面前，我們迷失了正在或者即將踏上的歸程。我們還會想家嗎？！我們還能相信和嚮往在母親的懷抱裏有一個真正屬自己的家嗎？！

祖國，遠方的兒女請你對我們說！

祖國，但願你能真真實實地告訴我們發生的一切，如果你還帶着一點做母親的慈祥，愛與公正，如果你還需要分辨得清人道與獸行，如果你還真心地翹盼你的遠方的遊子。

祖國，我們等待着你對你的兒女們說！

我們一群美國留學生於美國東海岸

一九九五、一、一

此信充滿對祖國的摯愛情感，又跳動着一顆充滿正義感的赤子之心，我讀後禁不住哭了起來。那個瞬間，我不僅感動不已，而且突然產生一種恐懼感，我擔心我的寓所事件越鬧越大，會造成我意想不到的更麻煩的事件，如集體罷課、集體要求回國等事件。不管怎麼樣，我真的心繫祖國，渴望祖國的改革事業能夠成功，即使發生「六四」，我已流亡海外，但此情此心並未改變，所以我絕對不希望事件越演越烈。就在產生擔憂之時，我接到金庸先生的遠洋電話，他告訴我國內對外文化協會主任朱穆之請他幫忙平息事件風波，說端掉劉再復的家，絕對不是中央的意思，完全是社科院一些鼠目寸光者所為，希望金庸先生勸慰再復，此事就到此為止。金庸先生說：「我個人也希望你能制怒。」金庸先生是我的好友，而且是我極為敬重的作家，於是，我立即決定主動了結此事。

第十六章

重構「象牙之塔」：自創精神獨立共和國

二〇一九年在香港科技大學人文學部講課

一九九四年，中國社會科學院（黨組書記王忍之）抄檢我在北京的家，對我採取「決絕」措施，確實傷了我的感情（包括民族感情與個人感情）。但也促使我產生了一種「破釜沉舟」的念頭，再也不要對「中國」產生幻想了。也就是說，我應當從此與「中國」有個了斷。當然，這個了斷，是與國家權力中心（當權派）的了斷，不是與祖國的山川、土地、文化的了斷。

問題是，「了斷」之後怎麼辦？我想了想，覺得自己應當重構一個「象牙之塔」，把自己放入塔中，只讀書寫作，不管時局，不參與政治，離中國很遠，離美國也很遠。

一九二四年與一九二五年之交，魯迅翻譯了日本文學評論家廚川白村的《出了象牙之塔》，號召知識分子走出「象牙之塔」。我一直認同並支持這一口號和理念，覺得作家不應當把自己關在書房裏，而應當走出房門，走到街頭，和人民大眾一起，擁抱大是大非，為祖國和人類的進步而奮鬥，所以一直採取非常積極的態度生活與工作。《明報月刊》請我寫座右銘，我寫道：

幼年失去父親之後，我常獨自仰望縹緲的星空。覺得遠走的父親在天上，留下的母親在地上。於是，我一面像古希臘神話中的安泰在貼近大地母親時獲得力量，一面則像影片《獅子王》中的小獅王在思索天空貼近父親時獲得力量。這雙重力量的源泉，使我無法深藏於象牙塔之中，注定要熱烈擁抱社會、關心民瘼；又使我喜歡傾聽天籟，喜歡夢想、冥想、玄想和心靈的飛升，無法像動物那樣在潮濕的沙堆裏爬行。

我一直把躲進象牙之塔視為知識分子的消沉與「墮落」，我周圍的同事朋友也是這個態度，都鄙視象牙之塔。可以說，從三十年代至八十年代，因為國家的動蕩與巨變，象牙之塔崩潰了，倒塌了，這個意象成了負面的意象。

到了一九九四年，我重新思索二十世紀象牙之塔倒塌的大現象，覺得應當重新認識象牙之塔。自己不願意也不可能再走向街頭去參加「民主」運動了，也不可能去參加祖國的現代化建設了，唯一的出路就是「躲進小樓成一統，管他春夏與秋冬」。

躲進象牙之塔之後，自己覺得生活狀態更新了，整個生命與生活處於「沉浸」狀態，讀書很有心得。我意識到，讀書、寫作、審美，唯有在沉浸狀態中才能有所發現，有所領悟，才能與人類歷史上偉大的靈魂相逢。這是我人生的一個重要體驗。在象牙之塔中，我天天「面壁」，感悟，把美國和中國都當作一道牆壁，不是欣賞，只是面對。都說「大隱隱於市」，我覺得在象牙之塔中，就是隱逸於鬧市中。在象牙之塔裏，我「黎明即起」，每天早晨五點就進入思索與寫作，感悟《紅樓夢》，感悟《三國演義》，感悟《水滸傳》，感悟《西遊記》，感悟《金剛經》，感悟《六祖壇經》，感悟《山海經》，感悟《道德經》，感悟莎士比亞，感悟托爾斯泰，感悟巴爾扎克等，進入了一生中讀書最有心得的年月，也進入了一生中最深邃的精神生活。

進入象牙之塔之後，才覺得要安心於象牙之塔並不容易，我在香港「作聯」舉辦的作家新年晚宴上說，要專心寫作，至少得有兩個主觀條件，一是耐得住清貧，二是耐得住寂寞。這正是我在象牙之塔中切實的體會。真要面壁、沉浸，首先必須戰勝自己，要經得起外界的誘惑；看到別人的榮耀與獎賞，要真正做到無動於心，自己經受貧窮與寂寞也絕不在乎。心不動，便有專注，便有定力，便能聚精會神地閱讀與寫作。於是我讀《紅樓夢》，就悟到賈寶玉的心正是人世間最明淨的心靈，無私，無我，無猜，無分別，無嫉妒，無仇恨，這些全是在象牙之塔中悟出來的。讀《西遊記》，也更愛孫悟空，覺得他造反但不濫殺無辜，追求自由，但服從善的原則。他本事很大，功勞很大，但不腐敗，也不居功自傲，只有幽默。而唐僧並非「愚氓」，他固然沒有「火眼金睛」，認不出妖魔，但他在未證實「妖魔」時反對濫殺無辜，則與西方法治體系的「無罪假設」相通。而《水滸傳》、《三國演義》則越想越深，也越想越不明白中國人為什麼那麼喜歡這兩部「名著」。在讀《水滸傳》時，我讀出梁山好漢手段不對。要造反，要「替天行道」，無可非議，但把小衙內這無辜小孩砍成兩半，則不對。武松血洗鴛鴦樓，殺了三個仇人，暫不論是非，但連小丫鬟、小馬伕都不放過，則不對。尤其是殺人之後那種得意揚揚的態度，公然書寫「殺人者打虎武松也」，濫殺無辜還很自豪！在「面壁」、「沉浸」中，以往讀不明白的胡塞爾、維特根斯坦，也相逢了，有所悟了，明白現象學乃是「去遮蔽」的學問，胡塞爾尋求的正是個體的親在，說晴雯是「下人」，是「奴婢」，是「丫鬟」，是「狐狸精」，乃是他人的思維定勢，寶玉卻去遮蔽而看到她的「純粹」，看到「其為質則金玉不足喻其貴，其為性則冰雪不足喻其潔，其為神則星日不足喻其精，其為貌則花月不足喻其色」，看到她身為下賤，但心比天高！所以《芙蓉女兒誄》抵達了詩詞最高境界！地位，身份，他人評價，都是遮蔽，寶玉看到：晴雯是天使，是純粹美。鴛鴦也是如此。柳湘蓮就不如寶玉了。他活在別人的概念中，自己並不認識尤三姐。尤三姐用寶劍削去「遮蔽」，才讓柳湘蓮看到「親在」——一個真正純情的女子。我論《三國演義》，也是去「遮蔽」，說它是機心與計謀大全，說諸葛亮的智慧是破壞性智慧，說貂蟬是陰謀工具（美麗的工具），展開對《三國演義》史無前例的批判！這都是象牙之塔裏的成果。在象牙塔裏，我成了「塔中人」。「塔中人」與「塔外人」很不相同。作為塔中人，我不關心世俗世界的一切，興亡、盛衰、治亂、輸贏、得失，一切都與我無關。我拿着一把錐子，只管錐下去，開掘下去，於是進入了片斷式寫作。《獨語天涯》寫了一千零一段，《面壁沉思錄》寫了五百段；之後又寫了《紅樓夢》悟語六百段（《紅樓夢悟語》三百段，《紅樓哲學筆記》三百段），《雙典批判悟語》一百段，《西遊記悟語》三百段，共兩千五百零一段。作為塔中人，我感到自己思如泉湧，每天每夜都抑制不住思維浪潮的撞擊，在寂靜中寫下每一個字，都彷彿聽到響聲，如同金屬敲打的響聲。於是當二〇〇〇年高行健獲得諾貝爾文學獎後，許多高校請我演講，我就講高行健的文學狀態。因為，在多年的象牙之塔中，我已悟到，文學狀態比文學理念重要！而且明白，所謂文學狀態，乃是超功利、超世俗、超集體、超市場的狀態，也是超因果的狀態，明知文學無好果子吃，明知文學無用，但還是在象牙塔中，苦思苦熬，絕不遠離文學狀態，於是，我真的與偉大靈魂相逢了。所謂相逢，不是叨唸他們的名字與他們的作品，而是與他們對話，提出問題與進入問題。叩問但丁，叩問莎士比亞，叩問托爾斯泰，叩問魯迅，叩問韓愈，叩問王維，等等。例如，我問釋迦牟尼：遵照您的指點，我已四大皆空。可是，看透之後，「空無」之後，還得生存，那麼，該怎麼活？怎麼生存？又如，我問孟子：您說人必須具有「浩然之氣」，那麼，這氣是自由意志，還是生命人格？再如，我問美國總統傑斐遜：你們的《獨立宣言》中說，人生而平等。真的如此嗎？生於歐洲與生於非洲，平等嗎？生帶白皮膚與生帶黑皮膚，平等嗎？平等是先天擁有，還是後天爭取到的？生而平等，也許是錯誤的命題而收穫到的積極效果，對嗎？

我相信，沉浸不是沉淪。在象牙之塔中，仍然是繁忙、奮鬥、拚搏，而非沉迷、沉醉與沉淪。到二〇一五年，我已出版了一百三十種中文書籍了。原著五十多種，改編本、增補本七十多種，即使重印本，也要一個字一個字地讀清樣。那也是一番緊張、嚴肅、辛苦、拚搏。世上並無捷徑可走，世事總是一步一個腳印。所謂「面壁」，也不是封閉，仍然是時時拚搏，在閱讀時質疑、叩問、提升，在寫作時構思、選擇、增刪，有一點發現就會狂喜、狂叫，整個身心還是牽掛着精神價值創造。三十年，沒有一刻是閒着的。

人們以為這是我針對抄家的發奮，其實，我早已忘記過去的一切恩怨得失，只是向着真理靠近！我後來講述「文學常識」、「文學慧悟」與「何為人生」，均沒有歷史針對性，只是為真理而真理，為學術而學術，無目的，無戰鬥目標。文學是什麼？就講三點：心靈，想像力，審美形式。出發點就是講「人性的真實」與「生存環境的真實」，不針對誰，不撥亂反正，不求發表，不求獎賞，不求好評，該說的話就說，不該說的話就不說。這樣倒是守持了天真、天籟！

第十七章

放下，放下，放下！

二〇一七年在香港科技大學人文學部講課

被抄家之後，我除了建構我的象牙之塔之外，還進入禪宗的學習。是禪拯救了我。從某種意義上說，菩薩倒是真的把我從苦海中拉到歡樂的岸邊。

我學禪是從領會《金剛經》入手的。我覺得，《金剛經》太好了，絕對是佛教的第一經典。初學時，我獲得了三個重要心得。一是「人的身體乃是人的終極地獄」。因為人有身體，所以會產生慾望，而慾望又派生出各種「相」，包括「我相」、「人相」、「眾生相」、「壽者相」等等。學佛，學禪，便是要去掉各種「相」。這些相，都是假相，即都是慾望的產物。北京的家被抄了，被抄後產生的種種「煩惱」，便是這種種相，至少是我相、人相、眾生相。二是明白：佛教乃是富人的宗教（拯救富人的宗教）。相比之下，基督教則是窮人的宗教。《金剛經》的創始人釋迦牟尼，原是富裕的王子，但他出家之後到舍衛城「持鉢乞討」，這就給了富人一個施捨的機會，即給了富人一個靈魂自救的機會。三是明白：釋迦牟尼從創教開始，就是一個大禪師。他對「善知識」（信眾）講經，有時只是「拈花微笑」，並不直接道破真理，而是讓人們去思索，去感悟。佛教的要義乃是感悟。它是無神論，悟了便是神佛。他的弟子聰慧有加，悟到了釋迦的真意。因此，達摩到中國創立禪宗，並非唐突。中國禪確實是佛的延伸，只不過它把佛教由繁變簡，突出悟道，作了重大的根本性的改革！

學了《金剛經》之後，便鑽研《六祖壇經》。在學習中我又有三個新發現。首先是發現語言文字乃是人的終極地獄。表面上，禪講「不立文字」是防止教義外傳，實際上是發現語言文字乃是入佛的第一障礙。即所謂「語障」、「概念障」，乃是「佛」的第一敵人，也就是「明心見性」的第一「堵塞物」。因此，學佛首先要放下概念。這一點發現對我幫助很大，使我明白：我們這一代人，乃是被概念包圍而迷失的一代，我自己就是這樣的迷失者。包圍我的，首先是政治概念，如「階級鬥爭」、「繼續革命」、「全面專政」等等，每一個概念都是一個陷阱。政治概念之後是文學概念，什麼「社會主義現實主義」，什麼「典型論」，什麼「反映論」，什麼「高大全」，全是思想牢籠。

放下概念之後，我又完成了對「壇經」要點的發現。要點只是一個「悟」字，慧能講「不悟，佛是眾生；一念悟時，眾生是佛」，從根本上啟發了我。讀書不要死讀死背，而要善於悟道。生活中的一切，從擔水劈柴到做人交往，處處可覺可悟。於是，我以「悟」取代「考」和「論」，重新對《紅樓夢》展開闡釋，也對《水滸傳》、《三國演義》、《西遊記》進行全新的闡釋。我終於了解，《紅樓夢》是一部悟書，許多故事根本無法考證、論證，只能悟證，例如林黛玉身上的香味，無法考，也無法論，若要考、論，那只能進醫院檢查。所以只可以悟。我說林黛玉身上的香味是「靈魂的芳香」，「天才的芳香」，這既不可證明，也不可證偽。還有「意淫」，意淫的內涵是什麼？寶玉的意淫對象是誰？有哪幾個？林黛玉、薛寶釵有無意淫對象？意淫的內涵是什麼？均無法考證、論證，但可以悟證。意淫乃是心理活動，不是生理活動。人的心理活動無邊無際，異常複雜，沒有時空限制，可升天可入地，可違反道德、法律等。一切活動內容均無法考證、論證，只能悟證！禪宗把佛教的外三寶（佛、法、僧）變為內三寶（覺、正、淨），實現佛意全靠悟。禪本來最講「定」力，到了慧能，抵達悟定不二，「悟」變成第一位。我歷來重視懺悔意識，讀了慧能，也變成「無相懺悔」。總之，到了慧能，頓與漸已非勢不兩立了。

那麼，用什麼去「悟」？是用腦子，還是用心靈？是用知識，還是用智慧？就知識而言，不識字的慧能比不上有學問的神秀，但五祖弘忍選中慧能為「接班人」，就因為慧能的智慧高出神秀一籌。慧能之智慧，就在於他把一切均歸於本心、真心，得道靠本心、真心，得道之後，守持平常心，關鍵還是「心」。「心」決定一切。風動，幡動，其實全是「心動」。他抓住了要害。《紅樓夢》的續書（高鶚寫的後四十回），之所以站得住，就在於最後歸結於「心」，在哲學上站住了。神秀雖然高明，但還是着眼於「物」，着眼於「風動」、「幡動」。「時時勤拂拭，勿使惹塵埃」，打掃的還是「物」。而慧能着眼於「心」，「心」如果「空」了，「本來無一物，何處惹塵埃」，根本就無塵埃可染。

學禪（《六祖壇經》）的第三個大發現，是抓住了破二執，即「破我執」與「破法執」。破我執是破「假我」之執，不是去「真我」之執。所謂「忘我」，也是忘假我。因為是假我，所以才有「痴」，才有「貪」，才有「嗔」。真我乃是心我，無物之我，無我便無所謂「執」了。這一真假之分，極為要緊。真人不露相，真我也不露相。孫悟空學了變術，顯露給同伴看，菩提大師（大禪師）就覺得他未學到真人真術，很失望，把他逐出師門了。人最容易發生的錯誤是我執，自以為是，始終固守自己的一點偏見，不知天地之廣闊，不知山外有山，不知「山不是山，水不是水」的道理，陷入迷中而不自明，自身具有無限惡的可能性也不自知自明。孫悟空去了我執，才能七十二變；人有自知之明，才有智慧。這些都是去了我執之後才可能具備。我在北京的房子被抄了，想復仇、想奪回來，也是我執。去掉這一我執，便沒有煩惱。繼續前行吧，本來就是赤條條的孩子，房子本來也不是自己的，就聽任其便吧。放下房子，便是放下妄念，便是放下幻想。「去我執」之後還有一個「去法執」。前者側重於主觀，後者側重於客觀。法執的內容很廣泛，但主要是各類的教條。東方（中國）有法執，西方（歐美）也有法執；儒教道教有法執，佛教也有法執；中國皇帝有法執，美國總統也有法執。不同的皇帝有不同的法執，不同的總統也有不同的法執；希特勒有法執，斯大林也有法執。即使是釋迦牟尼，也有法執。他的弟子阿灘與伽葉向唐僧師徒索取禮物，就憑法執。活在他人的概念中，也是法執。落入他人的思維定勢，是法執；按照教科書的規定生存，也是法執。說領袖的話「一句頂一萬句」是法執，說佛經「句句是真理」也是法執。所謂「放下，放下，放下」，第一便是放下我執，放下法執，放下一切偏執。而如果生存在世俗生活中，便要放下功名、財富、權力等慾望；如果生活在精神領域中，則要放下教條、老套、腔調等。但也有不可放下的，如真理、真諦，就不能放下。是真我、真實、真理，就得守持。就文學而言，自己熱愛文學，文學就不可放下。對於文學狀態與文學信念，從事文學創作，我就從未放下。說「放下，放下，放下」，是指放下假相、假我、假言、假行。即便認定四大皆空，也還得活，這才是哲學的難點。因此，智者之所以為智者，便是他能分清哪些該放下，哪些不該放下。這才算是悟到了「真諦」。

抄家事件的發生，打碎了我「回國」的幻想。於是，我便下定決心長期留住美國了。然而，即使如此，我還同時決定，絕不加入美國國籍，只持美國綠卡和中國護照。我寫了一篇短文，題為《最後一片國土》，稱中國護照是我的「最後一片國土」，「這片國土」是不可輕易丟掉的。芝加哥領事館的官員們也讀到了這篇文章，所以我後來申請更換新護照的時候，其文化參贊對我說：「我們讀了你的文章《最後一片國土》，寫得很好。換新護照，你不必來芝加哥，我們把『最後一片國土』直接寄給你！」我聽了感動不已，覺得這種聲音才是祖國的真聲音，聽了之後，我確實感到和暖。就在一九九五年春天，我生命中又發生一件大事，那就是開始學禪。如前文所言，我讀《金剛經》、《六祖壇經》，認真閱讀，並用自己的心性加以領會。我把這一選擇告訴高行健，他全力支持，說我們可在電話裏經常討論。他告訴我，慧能實際上是東方的基督，是一位偉大的思想家，他創造了一種新的可能，即無需邏輯、思辨、分析也能思想的可能。無須邏輯思辨的方式，便是直覺的方式，擊中要害、捕捉要害的方式。我把學禪的體會也告訴他，禪的態度乃是一種立身的態度。這種立身態度是非功利的，充分超越現實功利的，禪性也可視為審美性。禪，最後歸結為「做平常人」，「持平常心」，就因為它真正放下功利之心了。一放下功利之念，哪裏還有什麼「超人」、「聖人」等？從這裏，我才明白，以往接受尼采，常有盲目之處。尼采主張得道之後要當「超人」。超人哲學，便是高人一等的哲學，歸根結底，還是功利化哲學。東西方兩大思想家，一個是主張得道之後要當「平常人」（慧能），一個是主張得道之後要當「超人」（尼采），哪位更可取，哪種主張更純粹？當然是慧能。慧能把權力、財富、功名全放下了。當然，也放下痴迷、狂妄、怨恨等等。我聯想起自身，覺得出國之後已放下各種桂冠，各種榮譽與掌聲，現在北京的家又被抄了，產生了怨恨，但也必須放下怨恨，仍然一如既往深愛自己的祖國與人民。那些刻意打擊我的激進分子，並不代表祖國與人民。

我還研究了一些禪宗史，覺得《金剛經》裏說的釋迦牟尼的「拈花微笑」，其實便是禪的開始。禪重啟迪，不重灌輸。佛教東傳後，印度禪變成中國禪，由繁化簡，到了禪宗六祖（慧能），更簡化為一個「悟」字，「不悟，佛是眾生；一念悟時，眾生是佛」。所以我既把禪性歸結為超功利的審美性，又把禪性歸結為超概念、超邏輯（不立文字）的悟性。並由此認定，世上有兩種真理，一種是實在性真理（這是科學，須證明證偽），一種是啟迪性真理（不可實證）。宗教與文學屬後者。我從事文學，追求的是啟迪性真理，是「耶路撒冷」，而非「雅典」。因此，文學只要貼近真實，這真實又能啟迪人，這就可以了。不必要求文學提供科學真理，更不應當要求文學符合某種主義（如馬克思主義）。因為明白了這一禪理，所以我便把「心靈」視為文學的第一要素。而所謂「心靈」，便是人性。文學不必以批判社會為出發點，但必須以書寫「心靈真實」、「人性真實」為出發點。我用禪的眼睛看文學作品，包括看《紅樓夢》等，就看得更清楚了。後來我對《紅樓夢》展開禪性閱讀，對《紅樓夢》不作「考證」與「論證」，而專作「悟證」，便是學禪的結果。

從上世紀九十年代中期開始，我和高行健實際上在做一件事，即在達摩、慧能把「印度禪」化為「中國禪」之後，我們又着意把「中國禪」（包括日本禪）變成「世界禪」。也就是把禪的思維方式國際化、世界化，把禪的方式與邏輯方式並列為人類社會的兩大思維方式。於是，我對上帝是否存在等問題作了新的解說，即認為：說上帝不存在，對，因為你無法用經驗與邏輯證明它的存在；說上帝存在，也對，因為你可以用禪的方式把上帝視為一種情感、一種心靈，只要你悟到它存在，它就存在。它的存在，雖不能證明，但也無法證偽。

因為學禪，我再也不追求儒家「聖人」、道家「至人」等人格理想了，只一心領悟各種真理，尤其是散落於文學作品中的真理。因此，我開始熱衷金庸，熱衷四大名著。熱衷前者，使我在一九九八年能夠成功地主辦「金庸小說與二十世紀中國文學」的國際性學術研討會；熱衷後者，使我「返回古典」，為講述《紅樓夢》與寫作《雙典批判》作了準備。

二〇〇〇年，我因黃玉山先生的關係，受聘於香港城市大學，在那裏開始講述《紅樓夢》與《水滸傳》、《三國演義》等。對於前者，我寫了《紅樓夢悟》及

《賈寶玉論》等五本書；對於後者，我則寫了《雙典批判》。對於《水滸傳》與《三國演義》的批判，背後有三種理念支持。第一是「手段比目的重要」，這是甘地與托爾斯泰的理念。他們不主張以暴抗暴。而《水滸傳》名為「替天行道」，但在「偉大目的」掩蓋下的卻是不擇手段，包括不擇手段地騙人、殺人、屠城、屠村，我不相信這種用殘忍卑劣的手段抵達偉大目標的造反騙局。第二是慈悲比智慧重要。《三國演義》表面上是力量的較量，實際上是智慧的較量，但其智慧都變質為心機、心術、陰謀、詭術等。於是，誰會偽裝，誰的成功率就高。每個成功者都需要善根與慧根，但如果沒有善的前提，即沒有慈悲之心，那麼，智慧就會變質，連諸葛亮的智慧也變質了。這恐怕是人類必須共同記取的基本教訓。第三個理念是「和諧」比「鬥爭」重要。我在《雙典批判》中肯定了宋江的招安路線，因為宋江只反貪官，不反皇帝，只想改良，不想「打倒」。這是當時我與李澤厚對談「告別革命」的總思路。當時，我強烈地認為，宋江的「妥協」才是唯一的出路。也就是說，在九十年代，我便覺得和諧哲學比鬥爭哲學好。

總之，一九九五年，對我個人是非常重要的一年，儘管年初發生寓所被抄的事件，但我沒有選擇仇恨，而是選擇放下仇恨。沒有選擇習慣性的「打倒」、「推翻」等革命方式，而是選擇妥協、商量、對話、和諧等方式。這一年，我告別了尼采，也告別了毛澤東；我選擇了慧能，選擇了胡適（「一點一滴的改造」），選擇了「返回古典」。

第十八章

與漂流長者的心靈交流

在香港科技大學宿舍與三弟劉賢賢交談

到海外之後，我過的是漂泊不定的生活，因此，也與許多比我年長的漂泊者有較多的共同語言。我把他們視為「同是天涯淪落人」，何況曾經相識過。這些漂泊長者，包括趙復三、王慕理（馬思聰夫人）、戈揚、千家駒、劉賓雁等。但因為我出國後醉心於學術和寫作，所以與他們的交往很有限，更多的是心靈上的交流。

與趙復三先生的心靈交流

趙復三先生在國內時既是我的上司，又是我的朋友。我在國內時，特別是擔任文學研究所所長期間，有什麼外事問題，就會到副院長辦公室找他和李慎之。他們英文都講得很好，尤其是趙復三。一九八七年後，他擔任常務副院長，我更是什麼事都找他。那一年「反自由化」運動進入高潮，一天下午，胡繩召開文學所室主任以上幹部的緊急會議，宣佈撤銷我的《文學評論》主編職務，院黨組到會的只有胡繩、趙復三和吳介民，而胡、趙兩人的共同點都是比較溫和、善良。那一天，胡繩大約是聽了中宣部部長王忍之的訓斥，所以情緒非常激昂，竟然說出「再復同志在《文學評論》開天窗，這是我黨對付國民黨的辦法，他卻用來對待我們黨」這樣的話。我聽了很不服氣，就當面嚴詞反駁。過後聶紺弩告訴我：「胡繩本人不會說出這種狠話，肯定是王忍之說話在前，他照搬而已，不要計較，胡繩還是一個老實人。」而趙復三在幾個小時的會上，始終未說一句話。倒是會後的第四天，他代表胡繩和院黨組對我說：「胡繩同志讓我告訴你，他收回那天開會時所說的話，包括『你這個主編就別當了』的話，你照樣當你的所長，你的主編。你現在心情不好，可以到外地休養一陣。我們立即召開文學所的幹部會議，我把胡繩同志的意見傳達一下。這可以恢復你在文學所的威信，以便你照常工作。」趙復三對我說的這些話，句句都很溫和，很誠懇，我聽了之後有些感動，連忙說：「那天我的態度也過於激烈，請胡繩同志和黨組諒解。我到廣東休息兩三個月就回來工作。」趙復三聽了很高興，並關心我的身體，說：「你太勞累了，在外地好好休息一下，這裏的工作，有老馬、老馮、老何他們在，你放心吧！」趙復三是一個老知識分子，很有修養，說話時全是平等口吻，一點兒官腔、黨腔都沒有。

出國後，我才清楚地知道，他失踪了。還知道，在六月八日的聯合國教科文組織（有一百六十八個會員國）的世界大會上（在巴黎召開），他作為中國的總代表講話，話雖不多，但結結實實地講了三點：第一，為「六四」發生的血腥屠殺感到震驚；第二，對在「六四」事件中的死難者表示哀悼，並向他們致敬；第三，中國的歷史從此要開始重寫。

趙復三講完話後，揚長而去，失踪了。據說是到了他的女兒家（他有兩個女兒，一個就在巴黎，以教鋼琴為生）。一年之後，他受美國俄克拉荷馬大學的邀請，到該校開講「比較宗教學」，講述基督教、佛教、伊斯蘭教的異同，很受歡迎。一九九三年秋天，我結束了瑞典斯德哥爾摩大學的客座，到加拿大溫哥華的卑詩大學擔任訪問學者。當時我的忘年之交林達光教授（該校的校董）正在策劃一個「中國文化反思研討會」，我就建議把趙復三請來。趙復三得知林達光和我的美意，便欣然答應，隻身飛到溫哥華，並在校外作了一場公眾演講，這是他去國後的第一場演講（可能也是唯一的一場公眾演講），聽眾三百多人。為了照顧中國聽眾，他使用中文演講。講完，有人提問：「趙先生，您對自己在巴黎聯合國教科文組織上的表態以及之後的逃亡，感到後悔嗎？」他聽了問題之後，用堅定不移的口吻回答說：「我不後悔！而且要告訴你們，我是修煉了四十年之後才寫下這最後一筆的！」接下去還有人問：「你想回國嗎？」他又以堅定不移的口吻回答：「有領導人要我回國，但我已回信表示：從今之後，我再也不想整人，也不想讓人整了。」還說：「我絕不回去與劊子手們握手！」口氣之堅定，態度之決絕，語言之犀利，令我十分驚訝，也十分敬佩！他說的「有領導人」，這個人就是當時身為總理的李鵬。李鵬帶信要趙復三回國，說只要寫「幾個字」就可以了。之後，胡喬木手書宋代無名氏詞《水調歌頭》，託李慎之輾轉捎贈趙先生，並附一信，也說「回國後寫幾個字」即可。趙復三在演講時未透露這些細節，但是講完的當天中午，在飯桌上，我聽到趙先生說：「要我寫『幾個字』，這幾個字，可就是檢討、檢查，字字千鈞，我不能寫！投降書我一個字都不能寫！」我發現他飯前恭恭敬敬地作了祈禱，真的皈依上帝了！我覺得他說的每一句話，每一個字，都是在向上帝宣誓，向神宣誓！也都在為中國人民負責，為中國歷史負責。他的這種堅定態度，深深地打動了我，讓我終於親眼看到中國現代知識分子最高的人格與最高的尊嚴。那個瞬間，「趙復三」這個名字像星辰一樣在我心中升起。在此星辰照耀下，我想起孟子所說的「威武不能屈」，想起范仲淹的「先天下之憂而憂」，想起文天祥、史可法等民族英雄，想起了中國知識分子群中也有不屈的、高高站立的靈魂！頓時，我熱血沸騰，連說：「祝趙教授萬壽無疆！」

趙復三很用功，他除了精心翻譯《歐洲思想史》、《歐洲文化史》及馮友蘭的《中國哲學簡史》之外，還不斷地寫作短文。這些短文大多數是與朋友的「談心錄」、「交心錄」，與朋友談歷史，談時局，談中國，每一篇都很有思想，很有見解。這些短文，匯成兩本集子，被收入「台灣人文書會叢書」，一本叫《史頁閒注：西方文化史筆》，一本叫《反思集》。在封底的「作者簡介」中，編者邵東方博士（美國國會圖書館東方部主任）如此介紹趙復三：

趙復三（1926-），上海市人。1946年上海聖約翰大學畢業。1947年，任北京基督教青年會幹事，副總幹事。中華人民共和國成立後，任政協北京市委員會副秘書長，中華聖公會牧師，北京基督教會三自愛國運動委員會副主席，燕京協和神學院教務長，中華聖公會華北教區總幹事。1964年後，任中國社會科學院世界宗教研究所助理研究員、研究員、副所長，中國社會科學院副秘書長、副院長。中國基督教三自愛國運動委員會副主席。1988年4月當選為第七屆全國人民代表大會常務委員會委員，1990年6月28日，第七屆全國人大常委發佈公告，撤銷其全國人大常委的職務。

1989年，由於眾所周知的原因被免去公職，從此去國教書、翻譯，擱置政見，潛心學術。現為美國俄克拉荷馬市立大學榮休教授，旅居耶魯大學社區。

一九八九年後，趙復三確實專注於教學、翻譯與研究，很受俄克拉荷馬大學師生愛戴，退休時學校特授予他「榮譽教授」之名，因此，邵東方稱他為「榮休教授」。他在教書、翻譯之餘所寫的一百多篇短文，凝結着自己深厚、扎實的學問，在「反思」中發表了許多真知灼見，價值無量。他在電話中多次對我說：出國之後，他最想的是「重新做人」，說得非常懇切。在他的感染下，我不僅接受他的說法，而且也覺得我們這些漂流到海外的中國學者，確實在幾十年的大陸生活中也中了許多病毒，感染上許多政治細菌，僅概念的病毒就得清洗許多年。嚴格地說，我們都是「帶菌者」。經他的啟迪，我便想到，像趙先生這麼好的人都說要「重新做人」，更何況我這樣幼稚的下一輩。於是，我也不斷反省、反思，並經常與他交流反思心得。例如，我曾對他說，誠實、正直、耿介，這些本是中國知識分子的基本品格，但在政治運動中全丟失了。如今，世故、圓滑、敷衍，變成自己性格的一部分，非常醜陋，且不自明。他聽了非常贊成，說我們的「美德」葬送在政治運動中。嚴酷的政治運動把人變成兩面人，變成小林彪，個個人格分裂，我也分裂。講假話，對於人性的腐蝕是最厲害的。我說要重新做人，就是要重新做正直人、耿介人、誠實人，就是要重新鑄造人格完善、人格完整。他還說，「六四」讓他「心碎」了。再也找不到比「心碎」更好的詞了。心碎也好，以後我們就可以重構一顆完整質樸的心，真正基督似的「心」。這些話，他一再重複，但我每次聽了都深受感動，深受教育，覺得他真的大徹大悟了。

二〇一六年他去世時，我不僅感到悲傷，而且感到更孤獨了。於是，我和《明報月刊》聯繫，由我組織一批文章悼念他，我自己寫了一篇，題為《漂流悲歌三絕唱》。全文如下：

七月十五日，得知趙復三先生逝世的消息後，我除了難過、悲痛之外，又泛起了一陣孤獨感。儘管我知道他的身體很不好（五六年前那次大中風，頭上打了三個小洞之後，一直虛弱；去年因小中風不斷，竟到醫院急診十幾次），心裏早有準備，但他真的離開了，我還是抑制不住悲傷。在他漂流海外的寂寞生涯中，我是他僅存的幾個朋友之一。我稱他「趙老師」，他稱我「再復老弟」。雖然「同是天涯淪落人」，但他本是我在中國社會科學院工作時的領導人，並且很有學問，所以儘管情感親近，但與他說話時，總是保持一種自然的敬意。二十多年來，我們談論得很多，但有一句話，我始終沒有說開。我覺得，他的晚年是一曲典型的流亡悲歌。

他流亡，誰都知道。但他在流亡中如牛負軛，辛苦耕作，在重大的精神壓力與身體極為虛弱的狀況下仍然悲辛地翻譯、著述和牽掛，卻很少人知道。現在他遠走了，我想到，應當把他的漂流悲歌中的「三絕」記下，為自己，也為後人。

第一絕唱：境界

十五年前，即二〇〇〇年，應德國的華裔學者關愚謙先生之邀，我和趙復三先生到維也納去參加那個「展望二十一世紀」的討論會。會間我和趙復三、李澤厚、陸鏗、何博傳諸位老友促膝交談。就是在這次相逢中，他告訴我：出國後，完全是「重新做人」。十年前，曾有一位領導請他歸國，他謝絕說：「從此之後，我再也不整人，也不讓人整。」還再次告訴我，他已擬定了六個字的人生座右銘，叫作「捨身外，守身內」。我一聽就明白這是什麼意思。趙先生和許多海外流亡者相比，他的身外之物太多、太重了——副院長、政協常委、聯合國教科文組織中國代表團團長。如果不辭國，不仗義執言，他什麼桂冠都會接踵而至。他的英文那麼好（胡喬木出國時他是貼身翻譯），才華那麼足，只要「世故」一些，他真是「前程無量」。然而，他卻有那麼大的氣魄，敢於斷然捨棄這一切，在那個重要的歷史時刻，寫下石破天驚的一筆（在巴黎聯合國教科文組織的國際會上，發表譴責暴力的聲明），讓同僚們「目瞪口呆」，讓同事們「跌破眼鏡」，讓我突然看到一種「精神爆炸」，並相信中國知識分子的血液中畢竟深藏着氣勢磅礡的良心和捨身取義的境界。

從維也納返美之後，我一直想着「捨身外，守身內」六個字，越想越有力量。不錯，身外的金錢、權力、功名等等再重再大，哪能比得上身內的品質、才華、格調等等？靈山在身內，道德在身內，價值無量的真、善、美，以及生命的巔峰，全在身內。一切都取決於自己的內心狀態。趙復三先生的這六個字，正是人生真諦，屬上上等覺，上上等菩提。激動之餘，我立即寫了「捨身外，守身內」一文，投給《明報月刊》。

事情真巧，就在寫作的那幾天，北京有一名印刻家，通過紐約的一位朋友找到我，說他要給他尊敬的三位知識分子各刻一枚藝術圖章，每個人可以告訴他願意刻什麼句子。朋友告訴我，有人已給李慎之先生想了妙句：「冠蓋滿京華，斯人獨憔悴」；過些天，朋友又告訴我，趙復三先生願意刻「捨身外，守身內」六個字。儘管此六字早已嫻熟於心，但此時想起，還是再次激烈心跳，並想到，這六個字應當傳回國內，讓它滋養千秋萬代中國子弟的心靈。

第二絕唱：情懷

得知趙先生去世的消息後，我立即打電話給他的老伴侶陳曉薔老師（原耶魯大學東亞圖書館館長）。沒讓我講幾句安慰話，陳老師一聽到我的聲音就說：「昨天他都要走了，拉着我的手，還問蘇煒『國內的情況怎樣了？』，一輩子都放不下中國。」我知道，這正是真實的趙復三先生，至死都牽掛着海那邊的那一片黃土地，那片土地即使有負於他，他也永遠不會辜負那裏的父老兄弟。在生命一息尚存之際，他的手緊執着陳曉薔老師的手，而心仍然惦記着讓他漂流四方的故國。其實每次電話裏通話，趙先生總要問「國內情況怎樣了？」。我說我自己是一個不可救藥的土地崇拜者，而他呢？也是一個不可救藥的國家眷念者。但他一再和我說明：我愛國，其實是愛人民。有一回在電話裏，他還特別鄭重地說，愛國是「愛」國裏的人民，「愛」國裏的孩子，「愛」國裏的同胞，「愛」國裏的文化。他的這種愛國「情懷」幾乎成了「情結」。二〇〇三年他在《歐洲文化史》譯者序言裏「夫子自道」，也問「為什麼」。然後自己作了一個真實的解釋。他寫道：

不久前，詩人懷宗提出一個問題：中國人到海外，不論多久，怎麼心裏總也放不下中國？當時我回答不出，就像問我為什麼愛母親我回答不出一樣。於是，這也成了我的問題，時刻糾纏在腦際，要求回答。

對於這個時刻糾纏於腦際的問題，趙先生終於作出一個明確的回答：

愛國不是只眷念桂林山水、德州燒雞……。從根本說是愛中國的廣大人民，愛中國文化的精髓。這是中國人無論走到世界的天涯海角也放不下的。在歷史中真正能夠長存的，乃是一個民族的精神實踐所結晶成的文化。

趙先生甚至把愛國比喻成呼吸空氣（原話為「對現代中國人來說，愛國就像呼吸空氣一樣自然」），無可爭論。但是，國家不是朝廷，掌權者「一個又一個朝代地更迭」，而人民卻永生永在。趙先生在文化大革命中受到許多折磨，但「當時不管自己怎麼遭殃，仍然是愛中國的」，然而，他說，愛的不是「四人幫」，而是人民與文化。正因為這種情懷格外鮮明、格外堅韌，所以他的心靈承受不住孩子們的鮮血。他太愛中國的孩子，明知會失去一切桂冠與榮耀，他也要挺身而出保護孩子。趙先生漂流海外時已六十四歲，儘管英文很好，但畢竟要生活在另一種國度和另一種規範之中，每一步都十分困難，然而，他卻樂觀地面對新的生活。在電話裏，他多次告訴我：我的樂觀來自我的坦然，我的「問心無愧」。所以在溫哥華的報告會上有人問他「出國後悔不後悔」時，他毅然回答：「不後悔！」而且斬釘截鐵地說：「我修煉了四十多年，才寫出最後這一筆。」真是語出驚人。作為趙先生的老部下和老朋友，我除了知道他寫下這一筆時的氣魄之外，還知道他這一筆的沉重代價。就以最後這兩年來說，他與陳曉薔老師相濡以沫，但年事畢竟太高了。趙先生終結於八十九歲，陳老師也已八十多歲。那天（七月十六日）陳老師告訴我：「趙先生最後的年月太痛苦了。從去年開始，就吃不下東西，牛奶或稀粥，我一小匙一小匙地餵他，但醫生說，不能吃，因為一咽下去就落入肺部或氣管裏。今年只好在他胃部插管，硬輸入一點液汁。他不願意接受這種生活，幾次要求拔掉管子。但醫生要我簽字，我不簽。萬一不行，他的生命豈不是結束在我的手上？」我聽了陳老師的敘說，立即想到，像趙先生這樣的高級幹部和知識分子，如果不是因為一九八九年的一聲「救救孩子」的吶喊，什麼榮華富貴都有，當然可以享受最好的醫療條件。然而，他卻在異邦異鄉受此磨難。我明白，這一切苦難，全因為他的生性「耿直」，全來自他那「愛孩子」、「愛人民」

的無量情懷。從趙先生的例證中，我悟到了：情懷，多麼好聽的字眼，但情懷不是「紙上談兵」，不是「含情脈脈」，它需要付出巨大的代價。為了實現其愛孩子的情懷，他連自己的胃腸都蒙受了機器的專制。

第三絕唱：譯著

七月十六日夜，我面對趙復三先生的兩部譯著——《歐洲思想史》（二〇〇三年出版）與《歐洲文化史》（二〇〇三年出版），熱淚盈眶。這兩部新書和我一起進入新世紀，成為我這十多年須臾離不開的書籍。此時我用手指輕輕撫摸它，卻如同觸到一團火。儘管我看着書籍感到欣慰，因為我在一九九六年把書稿背到香港，否則它的中文版可能會被歷史活埋。

以《歐洲思想史》而言，這部史籍的原著水平就很高。在香港中文大學出版社出版過程中趙先生竟然作了六次認真的校閱，不讓一個錯字出現，也不讓一個不順的句子出現。要說又信又雅又達，這書恐怕可謂典範。

一九九六年香港中文大學中國文化研究所所長陳方正先生請我到他的研究所訪問兩個月，我「趁機」請陳先生幫忙，出版這部難得的書稿。他答應並付諸實現。為此，趙先生一再感謝我，而我卻覺得這不過是應盡的區區責任，不足掛齒，而且叮囑趙先生在前言、後記裏千萬別提我的名字，以讓書籍更順暢地問世。他接受我的意見，但一出版，就立即寄贈給我，並在扉頁上寫下熱情洋溢的話：

再復吾兄留念

從北京到溫哥華到耶魯，你的聲音和文字總是帶來溫暖、智慧和力量。

復三／二〇〇三年六月

一個比我年長二十五歲的尊者，如此衷心誇獎我，我當然高興。然而，當我仔細觀看時，又是一陣悲傷，因為我發現每一個字都留下書寫顫抖的痕跡。於是，我立即打電話問他：您的手是不是寫字不方便了？他這才告訴我：已經兩年了，手一直發顫，寫字時，它總是不聽使喚。可是他正是用這雙顫巍巍的手，一個字一個字地把一千多頁的兩部史籍譯成中文。在此次通話中，我特別告訴趙先生，說弗里德里希．希爾（《歐洲思想史》作者）在前言中所說的話，我已抄錄下來，並成為我天天讀、天天記的金玉良言了。希爾說：

任何心靈的活動，若沒有一種「面壁十年」的精神是難以開展的。這種棄絕慾念的精神是入世修道僧對人世敞開胸懷時必須具備的特性。

我還告訴趙先生：我已進入「面壁」、「沉浸」狀態了。覺得唯有在面壁沉浸中才能與人類歷史上的偉大靈魂相逢。他聽了很高興，連說：「你出國之後境界更高了。」希爾這段話說得太好了，但因為趙先生的譯筆，它的中文表述如此動人，至少是深深打動我了。

《歐洲思想史》的編輯校閱歷經了大約五年之久。這期間，《歐洲文化史》（彼得．李伯賡著）趙先生也着手翻譯，並於二〇〇一年完成。那時，我正在香港城市大學「客座」，就向時任明報出版社社長的潘耀明兄推薦。耀明兄說，香港市場太小，學術論著更是賣不出去，能否請基金會贊助？事情真巧，我當時與霍英東基金會主席（也是霍英東先生的摯友）何銘思先生結為忘年之交，他為人極正直厚道，而且對我極信賴，還讓我為他的《何銘思文集》作序（我的序文題目為《山高海深的故國情懷》）。因此，在一次餐會上，我就請何先生贊助一下《歐洲文化史》的出版，他一下子就答應贊助十萬港元。此事我告訴了趙復三先生，所以他在《前言》與《後記》裏都感謝銘源基金會（這是霍英東幫何銘思先生建立的個人基金會）。趙先生還告訴我，他正在尋找最好的歐洲藝術史版本。「有生之年，能把歐洲『三史』貢獻給我們的同胞，就可以安心長睡了。」但我沒有看到這一心願的完全實現，倒是看到他把馮友蘭先生的英文本《中國哲學簡史》譯為中文了。此書他翻譯得極為用心。儘管有前人的譯本，但他的新譯更注重還原中國哲學詞彙，自然也給中國讀者造福了。

趙復三先生就這樣走了。我再也聽不到他的和藹可親卻有膽有識的聲音了。我意識到此後將更加孤獨，然而，他的漂流悲歌卻會長久地在我心中迴盪。他的境界，他的情懷，他的著述精神，將會繼續激勵我前行。無論是做人還是治學，我都會常常想到他的光輝名字。

二〇一五年七月二十八日

與王慕理（馬思聰夫人）的心靈交流

在前期漂泊生活中，與我聯繫最密切的還有馬思聰的夫人王慕理。她的外孫黃剛是我的大女婿，因為有這一層關係，她對我非常信賴。剛到美國時，她就竭力安慰我。她說，思聰剛到美國的幾年，思鄉太厲害，總是大哭。那時我們孤零零地漂泊。這回你們出來的人這麼多，日子也會比我們好過。她還叮囑，剛到美國，經濟會很困難，她每個星期都會給我打一次電話，不要我給她打，這樣可節省電話費。

她說，唯有我才能理解馬思聰和她為什麼逃亡，所以喜歡和我說話。因為信賴，可以無話不講。果然，我每星期都會接到她的電話，而且一談總是一個小時以上。

她很有見地，每次談話我都想作記錄，但她不讓我記，而且說，我們的談話內容，不要發表。否則她就不說了。我尊重她的意思，從未把談話拿出去刊登。

今天，時隔二十多年了，她已長眠於地下十幾年了，我說說也無妨。她講得很多，歸納起來，有三點最讓我難忘。

（1）她說馬思聰很可憐。一是他最眷戀家鄉故園，代表作是《思鄉曲》，但他卻是文化大革命中第一個離鄉背井的人，而且被安上「叛國者」的可怕罪名。文化大革命迫害、摧殘了無數人，有的人比他還慘，被殺或者自殺，但沒有一個像他這樣遠離故國，而且這麼強烈地思念故國。結果老是痛苦，痛哭。有一回他痛哭時，我調侃說，你哪是什麼思聰、思聰，只會思鄉、思鄉。二是他最靠近共產黨，如果不是周恩來勸說（說他不入黨比入黨貢獻更大），他早就入黨了。抗戰時在重慶，馬思聰和周恩來、鄧穎超、喬冠華是密友，像一家人。「那時候我們天天盼的是打敗日本鬼子，然後再打敗國民黨。我們真是共產黨的人呵！」但共產黨發動文化大革命，卻把他當作敵人摧殘，抄家，批鬥，讓他沒法活下去。三是他最愛的是音樂，還和郭沫若一起寫過《少年先鋒隊隊歌》，但他到海外之後，除了小提琴還在身邊之外，其他的全沒了。連音樂學院的學生也說他是「反動派」。他三十八歲時擔任中央音樂學院院長，十幾年的行政工作影響了他的音樂創作。一九六六年他五十四歲時，正可以重整旗鼓，展示一下音樂才華，卻又活生生地被整到海外了。她說，我們不僅讀黨的書，聽黨的話，還作黨的歌，譜寫黨的音樂。但黨還是容不得我們。

（2）她還一再和我說，一九八七年思聰就走了，現在她孤零零地留在國外，很想回國，但又怕國內的專制制度多疑善變，翻臉不認人。儘管我一直勸她回國，但她還是下不了決心。她告訴我，思聰的老朋友徐遲（著名詩人、作家）真好，特意到費城來看望她們。回國後還寫文章說：「假如我是一方諸侯，一定會傾全國之所有，把馬思聰這樣的國寶贖回去。」她看了徐遲的文章後更想回國，但還是心有餘悸。後來，又有朋友（帶有統戰部使命的朋友）也勸她回國，而且開了「待遇」清單：回國後給教授職稱，補發流亡後全部工資，還給四房一廳的高級住所。她聽了也動心，但還是不敢答應。我記得她說過一句話：「他們說還要給思聰塑個銅像。我說：人都死了，就是金像銀像也沒用。」老太太腦子還很清楚。

（3）她一再埋怨她的女婿、我的親家黃康健先生發表過和馬思聰劃清界限的聲明。儘管我替康健兄說了許多好話，而且說，當時康生親自擔任「馬思聰專案組組長」（公安部長謝富治是副組長），非常恐怖，不聲明沒法活。但老太太就是不原諒，而且說：我女兒馬碧雪應當和他離婚，否則我不會幫他們一家辦綠卡。老太太堅強，但固執，我怎麼勸都不行。此事也讓我難忘。我知道，她傷痛太深，也就不與她爭論。

但是，在王伯母敘述馬思聰的故事後，我曾鄭重地批評過馬思聰先生的心態。我說，馬思聰先生敢於選擇「逃亡」，毅然地告別黑暗，這種勇氣，令國人佩服，也將被歷史所記錄，所讚頌。但是，馬先生出國後心態不好，老是思鄉，老是思國，缺少世界公民意識，結果，眼界不能放開。他的愛國情懷可嘉，但他的民族情結卻是可惜。這種情結使他不能超越民族視野，為全人類歌唱。王伯母聽了我的批評，開始很驚訝，但過些時候卻告訴我：再復，你說的對，思聰的鄉愁確實太重！王伯母還和我講了許多故事。說台灣想讓馬思聰當音樂學院院長，但他婉言謝絕了。儘管他從大陸逃出來，但還是對大陸有感情。她還說，蔣介石還接見過馬思聰，但思聰總是覺得共產黨比國民黨好，好歹沒有走到國民黨那一邊。我說，別看馬先生一出門就認不得家門，顢頇混沌，他的大是非、原則可清楚了。這種人是真正的愛國者，可惜共產黨不識人呵！她每次聽我說話，總是很高興，而且總愛和我討論一個問題：在共產黨的統治下，該怎麼「做人」呵？像馬思聰這樣，做他們的人，聽他們的話，把心都掏給他們，他們還是不容他，不放過他，還要用康生這種最奸詐、最凶惡的大壞蛋來整治他。思聰怎麼想都想不通。我也想不通，該怎麼「做人」呢？面對王伯母的問題，我無言以答，只想說：那邊真是無情可講，無理可講。不用說「做人」難，即使甘做牛馬、豬狗，也很難呵！二〇〇〇年王伯母臨終前還特地選了兩張馬思聰的五線譜手稿（曲譜）送給我留念，沒想到，接到手稿後不久，她就與世長辭了。她的去世，讓我十分悲傷。從此之後，我再也不能在電話裏聽到她坦率而真實的聲音了。她把自己的人生獻給馬思聰，整個晚年，非常寂寥。出國後，雖然有馬思聰陪伴着，但馬先生的歌聲裏滲和着太多的委屈，太多的哭聲。一切打擊，一切苦難，她都接受，她都先於馬先生而支撐着。

與千家駒先生等的心靈交流

除了趙復三、王慕理之外，常有交流的還有千家駒、戈揚、劉賓雁，他們三人，我都很敬重，也分別寫了懷念文章，如下。

千家駒：最後的堂．吉訶德

千家駒先生去世了。我以崇高的敬意送別他。像千老這種不計榮辱得失、一生為民請命的知識分子，在中國是很稀少的。對於他的逝世，本應隆重紀念，但我相信，從南到北，紀念的聲音一定是稀疏的。因為，當下社會的眼睛是勢利的，它只注視權勢與錢勢，不會緬懷赤手空拳的千家駒先生，何況緬懷他還可能帶來意外的麻煩，影響從政與從商的前途。

六七年前，我讀了千家駒先生的一些文章和他在香港天地圖書公司出版的《去國懷思錄》、《海外遊子聲》、《逝者如斯夫》、《歸去來兮》及新加坡八方文化圖書公司出版的《千家駒讀史筆記》等，敬佩千老到了耄耋之年依然童心未滅，滿身活力地搖旗吶喊，說着權勢者們不愛聽的直話真話，真不簡單，便把他與堂．吉訶德的形象聯繫起來，覺得他是二十世紀中國最後的一位堂．吉訶德，敢於獨戰風車、知其不可為而為之的典範性知識分子。於是，我就寫了《從堂．吉訶德到莊之蝶》一文，發表於《明報月刊》，文中這樣說千老：

現在的知識者幾經鍛煉，都變得很聰明，很能適應環境，誰還會充當傻子去「獨戰風車」？於是，人們紛紛提出「回到乾嘉去」的口號，嘲笑堂．吉訶德迂腐過時，以致使堂．吉訶德式的知識分子瀕臨絕種。雖然瀕臨絕種，但還是有。在海外，我就分明看到一位老堂．吉訶德。這就是千家駒先生。千老真是有點呆氣。我幾次在人大會堂聽他發言批評政府不重視文化教育，言詞灼灼，語無藏鋒，加上他瘦削的身材，使我想起堂．吉訶德先生。他本來就是第一屆全國政協的籌備委員，兼有學識與膽識，只因為總是滿身堂．吉訶德的呆氣，愛說逆耳真話，一九八九年又仗義執言，結果被「開除」政協；開除後還是滿身呆氣，在海外仍然一路戰過去，正直之聲佈滿天下，令人聽了神旺。比他聰明的知識分子早已頭頂桂冠，高高地坐落在王者之師的位置上，或者已充當「全國一級勞動模範」，唯有他還是長矛瘦馬，辛苦馳騁於沙場。不管人們對千老的立場如何評價，但都不能不承認這種堂．吉訶德似的千家駒精神在中國是何等的稀少、何等的寶貴！是中國政協需要千家駒，而不是千家駒需要政協。

千家駒的名字，我早已熟悉。一九六三年我大學畢業後到北京中國科學院哲學社會科學部（中國社會科學院前身）《新建設》編輯部工作。沒多久，就知道千家駒先生是著名經濟學家、中國科學院學部委員（相當於院士）、中國社會主義學院副院長（院長是吳玉章）；編輯部的同事們還告訴我，他是民盟的「左翼」，從少年時代就追隨共產黨和追求社會主義理想，還翻譯過《資本論》第二卷（未出版），但在一九五七年，因響應號召，和曾昭掄、華羅庚、童第周、錢偉長等科學家，一起發表了《對於有關我國科學體制問題的幾點意見》，提出保證科學家應有六分之五時間從事研究，可以自己選擇助手等五條建議，批評保密制度過嚴，結果被郭沫若批判為「一個反黨反社會主義的科學綱領」（發表在《人民日報》上），差點當了右派。總之，在我年輕的心目中，千家駒是社會科學界的權威人物。但他的經濟學、教育學思想，是到了八十年代，我讀了他的《中國貨幣史綱要》、《千家駒經濟論文選》、《千家駒教育文選》等才有所了解。

因為不是同行，所以儘管敬慕，卻從未拜訪過他，和他完全沒有私交。直到一九八四年我當了全國政協委員，才對他有了深刻的印象。那一屆政協最精彩的故事是他創造的。所有的政協委員和工作人員都被他的兩次大會發言所激動。一次是一九八六年，他談的是物價問題和三峽問題，與會者報以十六次掌聲。而一九八八年的一次，更是震撼大會堂，全場為他熱烈鼓掌三十一次，破了政協紀錄。他談的題目是《關於物價、教育、社會風氣問題》。時過境遷，有些內容我已忘卻，但至今還記得他呼籲把「智力投資」放在各種投資的第一位，強調「提高全民族素質」才是教育的根本目的，不可把出技術作為目的。他言詞犀利，批評政府不要把「以教育為本」掛在口頭上，要真的記在心上，要捨得給錢，他說那幾年基本建設投資一千億，教育投資僅二百億，中小學教員工資低得可憐。發言中他引用了社會上流傳的話說：「現在樣樣都漲價，只有教師與廢品跌價了。」讓我印象最深的是他的堂．吉訶德長矛直指政府上層，大聲呼籲要制止營私舞弊貪污腐敗之風。當他說了「官風不正，民風才不正」、「皇子犯法，與庶民同罪」的話之後，會場真的「爆出雷鳴般的掌聲」。當時他引了孔子一段話，我聽不太清，會後還特地去查閱，原來是：「政者正也，子帥以正，孰敢不正！其身正，不令而行，其身不正，雖令不從」，「上有好者，下必有甚者」。他用最決斷的語言說明：社會風氣不正，根子在「上」不在「下」，在「帥」不在「兵」，若要改變風氣，上層就要以身作則，不可含糊。

他還具體地提出「大幅度增加公務員工資」、「嚴肅法紀」、「加強輿論監督」三項建議，說「官員不怕內部通報，只怕公開登報」，要給貪官污吏施加輿論壓力。

千家駒先生對當時的社會變質十分敏感，告誡執政黨一定要對自身可能的道德沉淪提高警惕。他的肺腑之言，激起了人們的同感與共鳴。他的發言在廣播電台廣播後，他收到一千多件來信。全國各地許多人抑制不住內心的興奮賦詩表達敬意，形容他的廣播講話「天驚石破遏行雲，電訊遙傳正義聲」，稱讚他「白頭豈敢忘憂國，唱出丹心正氣歌」。當時真的是「街頭巷說千家駒，憂國憂民民自知」。這些詩詞收入他的《歸去來兮》集中，讀後便知千老的焦慮確實與故國的心靈緊緊相連。這兩次會議我都坐在會場前邊，正好面對着他，真實感受到他的滿腔熱血，一身俠氣。我多次參加政協會，覺得會中老人太客氣，多半馴服得像幼兒園的小孩，而千老能如此直言不諱，確實罕見。他是首屆政協籌備委員，參加開國典禮，親眼目睹五星紅旗第一次升起，完全是政協的元老與功臣。可是，僅僅因為他在一九八九年之後批評政府不該使用非正常手段（一九八九年前後他在深圳，一直沒有介入運動），便被抹殺了一切前功，還被宣佈開除出政協。對一個長期參與祖國建設事業、正直忠厚誠實的老知識分子如此不講情面，實在讓人目瞪口呆。我相信，這不是千家駒先生的錯誤，而是政協的錯誤。

第二次見到千家駒先生是一九九二年春天。當時我和幾位朋友到加州大學洛杉磯分校講演，空隙時陸鏗先生邀請我和我的妻子到西來寺吃素餐，飯後我請陸先生帶我們去拜訪正在寺裏隱居的千老。那天見面雖然只有二十多分鐘，但見到他依然一身硬朗，語無遮攔，還是當年政協裏發言時的千家駒，只是他已潛心學佛，多了一些冷靜。他說他已看破了「社會主義的紅塵」，更要實事求是地思考中國該走的路和自己該說的話。我聽了心有所動，便說，千老，您實際上是共產黨的諍友。他點頭稱是。

第三次見到千老是在香港。一九九六年初，我在香港中文大學的訪問已結束，便向天地圖書公司的朋友說起懷念千老之情。沒想到，第三天千老果然應天地圖書公司之邀，從深圳前來香港和我一起共進晚餐，真讓我感動。那時他已八十七歲了，但頭腦仍然十分清晰。他和我們提起要求回國定居很快就得到批准一事，讓我感到一陣欣慰。那一瞬間，我百感交集：這樣好的一個中國知識分子，倘若故國還拒絕給他一席立足之地，會給後人造成怎樣的心理寒冷呵。這天晚上我和他心情都很好。他說他多年流亡海外並不後悔，如果他留在國內，還繼續當他的政協常委和「政治花瓶」，哪能寫出最後這六七種書。除了寫作雜文論文外，他還在台北時報出版社出版了自傳《從追求到幻滅》。這一傳記對自己的一生進行總結，覺得自己的所言所行可以問心無愧。他的一生均以林則徐的詩句「苟利國家生死以，豈因禍福避趨之」為座右銘，他多次呼籲人民代表、政協委員要「多進忠言，少唱頌歌」，還希望他們少考慮自己的名號，多一些責任感。他告訴我，他的一生有兩次瀕臨死亡，一次是一九二八年在北大讀書時因參加學生運動被張作霖政府逮捕，同案二十三人，被殺十三人，而名列第十五名的他竟然逃過一劫；另一次是一九六六年文化大革命中他因不能容忍侮辱踐踏而到香山跳崖自殺，結果只斷了肋骨，卻沒有死。他說他是倖存者，死神放他一馬，讓他留在人間，是要他說真話、講真理，不是讓他追名逐利，謀烏紗帽，求榮華富貴。聽了他這一席話，才知道他確實從內心深處早已大徹大悟。他能在時代的風波雨浪中知其不可為而為之，始終帶着一身俠氣不斷前行與吶喊，並非偶然。「為留名節存正氣，不惜暮年再流亡」，這一自白詩也就好理解了。

千老逝世了，他所象徵的中國知識分子的堂・吉訶德精神是否也會跟着終結呢？我不敢斷言，但是，我敢說，他是二十世紀最後的一位堂・吉訶德，是學膽識兼備、品格高尚的戰士型知識分子，新世紀要再產生這種精神類型，恐怕不太容易，但我還是希望，堂・吉訶德不會在中國絕種，千家駒先生的精神能注滿故國的江河大地。而我自己，將永遠銘記他的無私無垢的赤子熱腸。

二〇〇二年九月八日
香港城市大學
（原載《明報》二〇〇二年九月十六日世紀副刊）

戈揚：老革命大姐的新流程

一

戈揚大姐去世整整五週年了。二〇〇九年一月十八日早晨她離開人間，那之後的一個星期，我一直沉浸在對她的緬懷中。但我沒有寫文章。想到對她的悼念文字無處發表，我會對這個世界更加絕望。今天我覺得可以寫了，因為香港三聯書店準備出版我的《師友紀事》增補本，文章可以放在集子中，不用祈求其他報刊。大陸的報刊至今認定戈揚大姐是有問題的人物。不僅沒有權勢，而且「有問題」，誰會去理會這種沒有「用」的逝者呢？

出國之後，我決心遠離政治，把全副心力都投入文學之中。但是，仍然牽掛着三個曾經關懷過我，而我也尊敬他們的老人，三個和我一樣漂泊到北美大地上的幾乎比我大一輩的思想者與知識人。這三個人是千家駒、趙復三和戈揚大姐。千家駒先生去世十幾年了。他去世時我寫了《千家駒：最後的堂·吉訶德》的悼念文章。趙復三曾經是我工作過的中國社會科學院的副院長，今年已八十九歲了，前幾年我寫過《捨身外守身內》的文章，以表達自己對他的敬意。唯有戈揚大姐，我想說的話一直未能訴說。

不管別人怎麼評價，在我心目中，戈揚大姐始終是一個老布爾什維克，老革命大姐，一個我出生那年（一九四一年）就走到延安的老共產黨人，一個為中國進步和為中國人的自由與解放而奮鬥不息的志士與戰士。但我對她的敬意不是因為她的「革命資歷」，而是因為她對後革命時代的問題敢於直言。八十年代她主編的《新觀察》，我幾乎每期都讀，每期都讓我感受到刊物所宣揚的主題——革命的初衷是為了中國人民的自由與解放，不要諱言當初爭取的基本價值。儘管後來我也成了《新觀察》的作者，但從未和她交往過。第一次見面是一九八八年，記得她好像即將退休，《新觀察》好像即將更換主編。於是，她就請邵燕祥兄約我到她家裏（北京虎坊路甲十五號）見面，並和其他一些朋友聚會。那一天，我記得她口中有兩個最積極的名字，一個是「胡耀邦」，一個是「黎澍」。我偏偏正是這兩個人的崇拜者，用今天的語言表述，是這兩個人的「粉絲」。胡耀邦是公眾的偶像，雖不用多加解釋，但戈揚大姐誇他是「中國共產黨中最單純、最熱情、最高尚的領袖人物」，這一評語卻一下子刻在我的心上。能衷心愛戴胡耀邦的人，都讓我感到親切。至於戈揚大姐為什麼如此誇獎黎澍，我還不完全明白。但我生活在社會科學院之中，曾聽到黎澍的許多故事，也讀過他的許多振聾發聵的文章，尤其是在少年時代（是中學時還是大學時，忘了）

還讀過他寫的《讓青春發出光輝》，這篇給我啟蒙、讓我熱血沸騰的文章，卻遭受到批判。戈揚大姐似乎與他同事過，她以誇獎的口吻——也是大姐的口吻說：「黎澍這個人很有學問，但永遠像個大孩子，天真得要命，也愛才如命，為了那個右派才子沈元，自己被鬥被折磨得半死。」戈揚大姐給我的第一印象是非常正直，一副戰士的心腸，說話很有底氣。

後來我才知道，她所以有「底氣」，緣於她是「老革命」。在我出生的那一年，她就到蘇北參加新四軍，同年又加入中國共產黨。她早就是「黨的記者」、「黨的編輯」，早就是新華社蘇北分社社長、華中分社副主任、山東《大眾日報》採訪部主任。一九四九年我剛踏進小學的大門不久，她已穿着軍裝，隨着中國人民解放軍大部隊進入上海，身份已是新華社華東總分社副總編輯，第二年（一九五〇年）便出任《新觀察》雜誌主編，一直當到一九八八年為止。也就是說，一九八八年我和她第一次見面時，她已革命了將近五十年。她才是真正的「革命記者」、「革命新聞工作者」哩！

後來有朋友告訴我，戈揚大姐還是個作家，出版過小說《王進忠的故事》、散文集《向新的高潮前進》。可是我只讀過她發表在《新文學史料》上（連載）的《蘇北敵後生活散記》，所以她在我眼裏一直是「老革命」而非老作家。「老革命」總是最關心社會，最不滿時弊，於是，這個老革命大姐，在革命勝利後便當了兩次「反革命」。一次是一九五七年當了反革命「右派」分子；一次是一九八九年四月，她在北京以《新觀察》主編的名義召開討論「胡耀邦逝世」的座談會，並把座談會的發言發表於《世界經濟導報》上，最終遭到陳希同的點名，也導致她流亡到美國。

二

出國後，我一直牽掛着她。我知道她比我母親還老（我母親出生於一九二〇年，而她出生於一九一六年）。憑資歷，她完全可以在北京好好地當她的文藝官僚，享受種種榮耀。但是她天生正直，嫉惡如仇，結果老是與時代不相宜。

在北美的中國流亡者中，她應是年事最高的一位了。這樣的人，當然值得我尊敬。除此之外，我還想把八九風波中收到的一千美元無名款寄給她。這一千美元，我直到現在還不知道是誰寄的。但我確知，那是在我從美國返回北京這一風雲變幻的月份（五月至六月）中，有人從美國寄來給我的。投寄者信賴我，說這是海外愛國者們籌集的錢，讓我轉給應當支援的人。因事出突然，加上慘案很快發生，所以我沒有完成匿名投寄者的心願。但我又明白，這筆錢我個人是絕對不可以動的，只能用於中國的光明事業。於是，我把這一千美元「捏」着，像捏着一把火，讓它和我一起漂泊到香港、巴黎、芝加哥，最後漂泊到落基山下。在科羅拉多大學的校園裏，我幾次想：該把這筆錢交給誰？最後我想到應當交給戈揚大姐。她是流亡者年事最高的老人，僅僅這一條理由就夠了。

找到戈揚大姐的電話與地址後，我把錢匯給她。她正需要一台陪伴的電腦，所以就接受了，而且給我寫了一封信：

再復老友：

錢早就收到，先是不知如何用法更好。後來是把你的電話丟了。打了好幾個都不對，只好不打。如有機會再告訴我一次吧！也許是因為老了的緣故，最近經常丟電話號碼。

我最近已經武裝起來，搞了現代化，買了一套 computer 自己幹。你寄來的錢，我就作了這個用場。

既然在美國，我想就得學英文。也許是着迷吧，最近連中文的東西都不大寫了，除了日記。八十歲學吹鼓手，反正學到哪兒算哪兒，就這樣用英文寫起自己的故事來了。我的老師是位美國人，給我鼓勵很大，人老了像小孩子，戴過幾頂高帽子也就當真的了。當然我還是比較現實，自知時間已經不多，因而也就更要抓緊。這才真正叫作把失去的時間搶回來哩！

謝謝你的關心！向老朋友們代問好！向你全家問好！有機會來紐約的話，請先給我打電話。我晚十時睡，希望能在我這裏的時間十時前打電話。

致以

美好的問候！

戈揚

6.20.1992

就在收到這封信的兩個月後，我果真到了紐約。那是因為劍梅被錄取在哥倫比亞大學博士班。她先去租房安家，過後我和菲亞、劉蓮便去看她。在劍梅狹窄的小寓所裏住了兩天，我就請老朋友蘇仲麟（他在聯合國裏做翻譯）開車，帶我到戈揚大姐家。仲麟雙手握着方向盤，手裏夾着大姐的地址，尋找了兩個多小時，終於找到了。那天戈揚大姐見到我和菲亞真是高興，竟在台階上坐下來，把褲筒捲起，告訴我們說：「你看，我把腳用布捆扎得嚴嚴實實，這樣就不會跌倒，還可以防感冒。這是年輕時在部隊行軍時學到的功夫。」她還帶我們到屋裏看她新買的computer，並坐下來操作給我們看。那天的戈揚大姐再次給我「戰士」的印象，她沒有我那麼多憂鬱，那麼多孤獨感，那麼多政治陰影。她五歲時就失去母親，被送到舅父家做養女，從小就習慣於獨往獨來，隻身闖蕩天下，後來與大集體穿越生死，穿越戰火，穿越政治運動的烽煙，又練就一身膽魄。現在的流亡生活，只不過是在穿越另一種生活方式，一切都很平常。和她見面之後，我覺得像讀過一部人生的善本，輕鬆了很多，也強健得很多。

和她告別之後，我很快就到斯德哥爾摩大學、卑詩大學「客座」。一九九四年秋我回到科羅拉多後又常打電話給她，也常寄書寄文章給她，這才覺得她是一個很用功、很認真的讀書人。她特別讚賞我那篇《腳踩千秋雪》的短文，此文以「冬日風光，夏日歲月，春日心情」作結，似乎也正是她的生命狀態：習慣冬天的寒冷與夏天的炎熱，總是以春天的心境面對生活，不喜歡歎氣，更沒有怨氣。一九九七年，她在給我的賀年卡上寫道：

再復夫婦：

恭賀新禧！

我在《明報》看到你許多文章，還看到你和女兒的對話。我非常高興，你們能寫許多優美的文章，還有你給我寄的書，真感謝啊！

我如今左眼失明，在用一隻眼寫和讀，加上腦力衰退，記憶力差，不能多寫了。還好的是兩個女兒都來了，都為生活忙哩！

向你的女兒問好。

戈揚

一九九七年三月二十一日

寫此信時，戈揚大姐已八十一歲，而且只有一隻眼睛，但她還是照樣讀，照樣寫，照樣生活。一九九九年，她甚至還到台灣觀看「選舉」，照樣面對時代大課題「觀察」與思索，不減從少年時代就點燃起來的政治熱情，沒有知識人身上常有的「酸甜苦辣」。一九九九年她已八十三歲，還用一隻眼睛給我寫了這麼一封信：

再復：

我正巧去中國人權開會，這是一年一度的事。我一年中也就是開了這樣一次會，偏偏你來了電話。我想打電話給你，偏找不着，只好寫信。

我突然收到一本《明報月刊》，這就猜是誰寄的，猜了一些人，都錯了，原來是你寄的。

這本明月，我看了個夠。以前也看，不經常，以後要經常讀了，謝謝你呵！

你們在那裏很久了，習慣了，看起來你還是愛那個地方的。我在紐約，也已經快十年，我想，老了以後，就在這裏了，哪兒不是一樣？

在這期的月刊裏看到李輝寫黃苗子和郁風的文章，很親切。因為我和郁風經常通訊，兩個老太婆信還寫得很長，很有趣，這也是很少見的。

當然，其他的人，如蕭乾，我也十分惦念，但他們在北京，我也就不去打攪了。

再說，我只有一隻眼睛，除了電腦，我很少寫信。奇怪的是今天，居然寫信，而且寫得清楚。可能是夜間，周圍無人的原因吧！

自從九十年代停刊之後，只有在明月上看到你的散文。我愛讀，所以有時買。這次我去了一趟台灣，是第一次，看選舉的，真不錯，兩個星期，在店裏看到你的書。向你全家問好。

戈揚

一九九九年一月十六日夜

我的確給戈揚大姐訂了一份《明報月刊》。我知道她最能認真閱讀。她主編的《新觀察》和《明月》一樣，都是用理性的眼睛和平實的良心觀察中國、觀察世界。她觀察得太用功、太投入，以致一隻眼睛失明，儘管如此，她的心靈眼睛卻總是很明亮。一九九二年我到瑞典看了木偶戲《俄狄浦斯王》後，寫了一篇散文，題為《失明的眼睛更明亮》。戈揚大姐失明的僅僅是一隻肉眼，而心靈的眼睛卻永遠像明月一樣在夜空中閃亮，多年來，這雙眼睛也看着我，看着我的良心，看着我的文字，它讓我在充滿濁流的時代裏不會落入黑暗的深淵。

美國科羅拉多

二〇一四年二月八日

劉賓雁：緬懷傻到底的賓雁老大哥

聽到賓雁兄辭世的消息，心裏一陣難過。一位卓越的朋友，一個在極其艱辛的環境中高高站立的生命就這樣遠走了，帶着他的硬骨與傷痕，也帶着他人性的全部長處與短處，遠走了。

去年八月，我回美國度假，在科羅拉多州給他打電話，但沒有人接，便在電話留言裏留下我最後的問候，並告訴他和朱洪大姐：「北京的范用老先生有一封信讓我轉給你們。」范老比賓雁兄年事更高，他在北京得知眾好友今年二月在美國普林斯頓大學校園為賓雁兄開了八十歲祝壽盛會，感到非常欣慰。但他也得知賓雁兄病重的消息，所以特別鄭重地問候。范老的掛念反映着大陸許許多多朋友對賓雁兄深深的惦念。在當代中國，劉賓雁這種生命是稀有的，他的吶喊，他的憂患，他的質疑，他的抗爭，他的關懷，他的用整個生命書寫的報告文學，全都是稀有的。作為一個肝膽照人的作家，他從《在橋樑工地上》到《人血不是胭脂》，其聲音是一貫的：一貫的剛正，一貫的耿介，一貫的堂·吉訶德式的呆傻，一貫的包公式的為民請命。

上世紀八十年代初期，他在《人民日報》擔任記者時，千百萬老百姓把他當作無冕的包公，訴苦與鳴冤的信件都往他那裏投寄。他告訴過我：「每天都是一大捆。」那時他的正直之聲佈滿天下，他每天都像蝸牛似地背負着來自各地的冤情材料。我認識的作家不少，但從未見過一個像他這樣滿身負荷，這樣沉重地擔當人間苦痛。他彷彿沒有暢快地呼吸過，一聽到冤情就坐立不安，歎息不已。這是一個特別的人，一個以歎息代替呼吸的人，一個靈魂被苦難緊緊抓住的人，一個被上帝罰作肩挑精神重擔爬山越嶺的人，一個傻到底、傻到總是赤膊上陣而完全不懂得披一點甲、拐一點彎的人。

我和賓雁兄認識得很早。七十年代末，他已被摘除「右派」帽子，調到哲學研究所的《哲學譯叢》擔任編輯。我們共一食堂，中午常常一起吃飯聊天。仗着比他年輕十五六歲，總是喜歡好奇地打聽他這老大哥充當「階級敵人」時的生活。除了一些細節讓我開懷大笑之外，還記得他嚴肅地說：「把我打成『右派』分子有三條說不過去的情理：第一，是你號召我說話的；第二，我說的都是實話；第三，我說的全是為了你好。憑這三條，變成『階級敵人』，怎能服氣？！」走出哲學所之後不久，他的《人妖之間》問世，劉賓雁的名字再次響遍全中國。他的嫉惡如仇、直面社會黑暗的報告文學，帶給中國當代文學空前的力度，並奠定他在中國現代散文史上的重要地位，但也給他帶來麻煩。一九八七年他終於再度被開除黨籍，成為反自由化運動的首要目標。我也被牽連，因在自己擔任主編的《文學評論》雜誌上發表他的文章而被停職。此事發生後，我去找對我特別厚愛的錢鍾書先生，沒想到他也正在關注賓雁的事。他告訴我，前不久他寫了一對聯：「鐵肩挑道義，辣手著文章」，贈給劉賓雁，而且還發表在廣東的《現代人報》上。錢先生對自己對他人的要求都極嚴，從不輕許於人，此次選用這十個字毫不含糊地讚美劉賓雁，完全是個「特例」。賓雁確實無愧於錢先生的衷心讚譽，他確實是個響噹噹、火辣辣的鐵肩赤子。

到海外之後，我們見過幾次面，幾乎每次都會有些爭論。彼此都是性情中人，不懂拐彎抹角，我總是要質疑他的泛道德主義和「干預生活」的文學主張，而他總是要批評我「太個人化」。爭論之後彼此還是高高興興。唯有到了一九九六年，讀到他的批判《告別革命》的文章，我才意識到我們之間的政治理念確有相當大的差異。他的批評文章措詞相當尖銳激烈，以至於說李澤厚和我主張「告別革命」，是為了「討好政府」。我讀了感到驚訝，並疑心這位「包公」

身上是否也有一點專制的味道。過了一些時候，沒想到他卻打電話給我，說他發了那篇批判《告別革命》的文章之後，心裏一直感到不安。他的聲音是誠懇的，這就是劉賓雁，即使理念不同，但人性深處那條善根是不會斷的。人是豐富的，各人有各人的政治立場，但其生命境界、道德勇氣、人格精神卻是一種獨立的、超越政治的存在。我始終敬重賓雁兄，正是敬重他身上這種獨立的人格氣象。我相信，這種美是不朽不滅的，無論是在時空中還是在我心中。

（原載香港《明報月刊》二〇〇五年第十二期）

第十九章

周遊列國的二十個深層「收穫」

二〇一九年與妻子陳菲亞及次女劉蓮在德國

在第二人生中，除了建構象牙之塔外，還有一件重要的事，就是周遊列國。我把八九年出國後的人生稱作「第二人生」，而把周遊列國視為「第二課堂」。第一課堂是在教室與圖書館裏，其任務是「讀萬卷書」；第二課堂則在天空中與大地上，其行為是「行萬里路」。

在第二課堂，我遊覽了四十多個國家，走訪了五十多所大學（國內外），課堂內容十分豐富。整個地球，除了非洲、南極洲，歐洲、亞洲、北美洲、南美洲、澳洲，我都去過。收穫最大的是歐洲，那裏充滿文明的啟迪。

用不着記錄與查考，我可以脫口而出地說出遊覽過的國家：美國、日本、加拿大、墨西哥、英國、法國、德國、西班牙、荷蘭、瑞典、瑞士、奧地利、丹麥、挪威、芬蘭、俄羅斯、拉脫維亞、捷克、匈牙利、斯洛伐克、意大利、摩納哥、聖馬力諾、梵蒂岡、列支敦士登、巴西、阿根廷、烏拉圭、洪都拉斯、巴哈馬、巴拿馬、哥斯達黎加、伯利茲、馬來西亞、新加坡、越南、菲律賓、柬埔寨、阿聯酋、泰國、韓國、新西蘭、澳大利亞。到過的國外大學有：加拿大的卑斯大學，美國的哈佛大學、耶魯大學、哥倫比亞大學、芝加哥大學、普林斯頓大學、斯坦福大學、加州大學伯克利分校、加州大學洛杉磯分校、加州大學聖地亞哥分校、科羅拉多大學、俄亥俄大學、匹茲堡大學、馬里蘭大學，瑞典的斯德哥爾摩大學，丹麥的哥本哈根大學，德國的伯爾大學、奧特藍根大學，拉脫維亞的里加大學，韓國的首爾大學、檀國大學、高麗大學，日本的東京大學、京都大學、愛知大學、佛教大學、大阪大學，新加坡的戲劇學院，以及港澳台的香港大學、香港中文大學、香港公開大學、香港理工大學、香港浸會大學、香港城市大學、香港科技大學、嶺南大學、香港教育學院、澳門大學、台灣大學、中央大學、東海大學、清華大學（或訪問過，或客座過，或演講過）。行走過這麼多國家，訪學過這麼多院校，確實大大開闊了眼界。我在《獨語天涯》自序中寫道：

江河流向大海，大海流向哪裏？大海流向漂泊者的眼睛。

又說：

漂泊就是我的美學。

我稱自己的流亡乃是美學流亡。

在周遊列國列校的行程中，我留下了許多難忘的記憶，閱讀了許多書本上讀不到的知識，生命拓展了，眼界拓寬了，心靈生長了。其中有二十個我最為難忘的深層收穫，即思想收穫。這些收穫包括記憶，刺激，啟迪，充實內心的抹不掉的印象。現在我把這二十個印象列舉於下：

（一）美的療治

剛出國時，我覺得很委屈，很彷徨，滿身傷痕；但是，到了巴黎（我曾七次走訪巴黎），觀賞羅浮宮、奧賽宮、凡爾賽宮的世界名畫和雕塑，特別是蒙娜麗莎和維納斯等，我驚呆了。站在這些偉大的作品面前，我心靈搖動，覺得自己受到了前所未有的精神洗禮。於是，我悟到，在這些至美大作面前，個人的得失成敗算得了什麼呢？

在散文《悟巴黎》中我寫道：

一九八九年夏天，當我第二次走到維納斯與蒙娜麗莎之前的時候，突然感到一滴一滴的星光落進我的心坎，渾身滾過一股暖流，而且立即悟到：我已遠離恐懼，遠離滄海那邊的顛倒夢想，一切都會成為過去，唯有眼前的美是永恆永在的。

在動蕩的一九八九年，我確實得到古希臘女神和其他古典女神們的拯救。我從她們身上得到的生命提示有如得到火把的照明。當我看到她們那雙黎明般的清亮而安寧的眼睛，就知道自己已穿過暗夜並戰勝死神的追逐，又回到人類母親的偉大懷抱，用不着繼續驚慌。我在漂泊路上的滿身塵土是維納斯的眼波洗淨的，我的已經臨近絕望的對於人類的信念是在蒙娜麗莎的微笑裏復活的。

就在拂去風塵和復活生活信念的那一瞬間，我想到，如果地球上沒有巴黎，這個星球將會何等減色。而如果人類社會沒有至美至柔的維納斯與蒙娜麗莎，假如連她們也沒有存身之所，那麼，這個世界該會何等荒涼與空疏。我相信，沒有她們，歷史將走進廢墟，世界將陷入比戰爭和瘟疫更加可怕更加悲慘的境地。

我愛拯救過我的維納斯與蒙娜麗莎，愛拯救過我的溫暖的巴黎。對於她們，我將永懷敬意和永存感激。

這是真實的心境。真的，在那個欣賞的瞬間，我感到身體揚棄了疲勞，恢復了健康，精神也振作了，並且獲得了飛升。我頓時感到逃亡後的傷痛得到了療治，並意識到，這是美的療治，意義的療治。

（二）思想者和地獄

在巴黎，每次觀賞了羅浮宮之後，總是要再去觀賞羅丹藝術館，七次到巴黎，大約五進羅丹藝術館。羅丹藝術館也是我的重要課堂。

羅丹藝術館最讓我難忘的是它的「思想者」雕塑。因為貼近欣賞，所以看得清楚，「思想者」坐在地獄之門的上端。這一佈局告訴我，思想者隨時都可能掉入地獄，思想的門口就是地獄的門口。作為一個東方的思想者，我看到這種構思，激動得幾乎要喊叫起來！原來如此，獨立地思想原來如此危險，難怪中國已經犧牲了的思想者鄧拓說：「莫謂書生空議論，頭顱擲處血斑斑。」奇怪的是，欣賞了「思想者」雕塑之後，我反而冷靜了。接受生活吧，接受命運吧！不要彷徨，不要埋怨！思想者本來就是這樣的命運！逃亡算得了什麼？！自己還活着，還沒有掉入地獄，這已經很幸運了。

(三)人生的悲劇

羅丹藝術館除了「思想者」給我啟迪之外，那尊「老娼婦」雕塑也給我震撼。老娼婦，本是殘花敗柳，本是「醜」，但也呈現了羅丹思想的「美」。人生大約就是這樣的悲劇：青春時代是維納斯，形美貌美，生命洋溢，可是幾十年之後，年老色衰，生命和青春被歲月吸乾，變成「老娼婦」。誰的人生不是如此呢？我曾說過，文學是美妙的，但又是殘酷的。它會把一個人的生命全部吸乾。所有的作家學者不也都經歷了從維納斯到老娼婦的悲劇命運嗎？

(四)史的確認

在德國，我感受到了德國人對於迫害猶太人歷史的深深懺悔。不僅有總理勃蘭特在華沙猶太隔離區起義紀念碑前的驚世一跪，而且在柏林市中心建立了猶太人大屠殺紀念碑群。在柏林，我撫摸着碑石，既為猶太人的悲慘命運而歎息，也為德國人能正視恥辱史而欣慰。二戰的尾巴，德國人斬斷了；死亡的噩夢，德國人告別了。不像東方，日本的某些政客至今還在靖國神社朝拜。他們不肯正視南京的萬人坑。尾巴不斬斷，歷史的悲劇就會重演。

（五）情的永恆

在意大利，給我留下深刻印象的首先是維羅那的朱麗葉塑像。那是朱麗葉的故居，那裏有她和羅密歐談情說愛的小閣樓。我的文學生涯正是從閱讀《羅密歐與朱麗葉》開始的。這個用愛化解仇恨的故事，影響了我的一生。朱麗葉塑像的胸部，被千百萬旅遊者的手指撫摸得閃閃發亮。我留心數千張貼在牆壁上的觀賞者的字條，全世界都在為朱麗葉唱頌歌。歷史造就了神聖，也造就了情聖。愛，是永遠不會被忘記的。這是真理。

（六）對文學的朝聖

在觀賞朱麗葉之前，我和李澤厚參觀了莎士比亞的故居。讓我感到欣慰的是，每一年，每個季節，全世界不同種族的人們，都像朝聖似地來到莎士比亞的故居。在歐洲，我第一次排長隊簽名報到。在故居的展館裏，人們只關心莎翁生前的起居飲食，沒有人關心莎翁真假的爭論。有人說，莎翁是假的，真正的莎劇作者可能是另外一個人，比如培根。但沒有人關心這個是非。世界對莎士比亞的愛，從未減弱過。這對詩人是最大的鼓舞。人類再忙碌，也不會忘記文學；再辛苦，也需要文學的調節。

（七）誰為永恆

在佛羅倫薩，再次溫習但丁的故事。在梵蒂岡，見到米開朗琪羅的天頂畫。一千年過去了，人們早已忘記但丁時代那些白黨黑黨的政治論爭，只記得但丁的《神曲》和他為人類刻劃的那一座地獄。人們也早已忘記米開朗琪羅時代那些教皇和富豪的名字，只記得大畫家的傑作和他的第一個「創世紀」的情景。天堂、地獄、人間，最偉大的還是人，是那些從事精神價值創造的人。

（八）「凱旋門」批判

巴黎的凱旋門已見過多次了，羅馬的「凱旋門」二〇〇三年才第一次看到。凱旋門是羅馬的發明，勝利者通過凱旋門，多麼榮耀。可是就文化境界而言，無論是法國還是意大利的凱旋門，都不如中國《道德經》所展示的境界高。老子說，人類應當「勝而不美」，即使勝利，也應以「喪禮處之」。不錯，即使是勝利，不也殺了人了嗎？血流成河，這有什麼凱旋的詩意？！

（九）傷心的地攤

俄國的阿芙樂爾號軍艦停泊着。我們在它身邊照相。它曾經是十月革命勝利的象徵，如今呢？變成失敗的證明。歷史充滿偶然，凱旋也往往並非永久。在彼得堡，在阿芙樂爾附近，我看到最傷心的一幕，地攤上到處擺着斯大林獎章和列寧獎章。人們把它當作廢物兜售，一個獎章只能換取一美元。往昔的榮譽已變成今日的垃圾。為了那些勳章，俄國人付出多少高貴的鮮血。而認識今天的垃圾，人們也需要付出時間。

（十）輝煌的教堂

布拉格真是美極了，但最美的還是教堂。到來之前常想：為什麼蘇軍強大的坦克部隊征服不了這座城市？為什麼時時會有「布拉格之春」的故事？如今有答案了——因為這裏的教堂太美了。教堂的根鬚從小就伸進了孩子們的心靈深處。這至柔的根鬚不斷生長，化作捷克人的靈魂。這種靈魂天然地拒絕坦克的履帶，即至柔戰勝了至剛。最後的勝利者是教堂，是聖經裏那些溫柔慈悲的大愛。

（十一）兩個搖籃

回到英國，再仔細看看劍橋大學、牛津大學。這兩所大學不是大學，是大搖籃。它先是搖出了歐洲的文明，之後又搖出了世界的文明。兩次世界大戰，兩所大學的眼睛都在冷靜地看着。文明看着野蠻從瘋狂走向失敗。政治較量最後取決於文化較量。納粹早就灰飛煙滅，兩個大搖籃還在繼續養育着文明的赤子。所以，地球不會滅亡。

（十二）傑斐遜誓言

回到美國，對於我寄寓的這個國度，第一印象是傑斐遜總統的誓詞。他說：「我向上帝宣誓，我憎恨和反對一切形式的對於人類心靈的專政！」這句話鐫刻在傑斐遜紀念堂裏，這才是真的「一句頂一萬句」。這才是人類必須共同牢記的真理。自從這句話積澱在我的心靈深處，我便與專制制度不共戴天。

（十三）美國的寬容

美國前總統肯尼迪的夫人傑奎琳在丈夫去世之後，改嫁給希臘船王。之後又改嫁給紐約的珠寶商。但美國人仍然敬愛傑奎琳。這是何等的寬容，真是不可思議！鄒讜教授說，在中國，你說的一百句話，九十九句對，一句錯，人們只會抓住那一句錯話，窮追猛打；至於九十九句對話的功勞，人們是記不得的。而美國正相反，你說一百句，九十九句錯了，人們會原諒。他們只記得你說對的那一句。

（十四）日本的得失

日本的戰術很厲害，但戰略不行，因為他們缺少思想家。在戰術上，他們算計得多麼準確，把珍珠港的美國軍艦全炸毀了，無一可以逃遁。但在戰略上，它犯了致命的錯誤：不應該向美國開戰。

（十五）美軍的抉擇

一九四五年，美軍全面勝利，接着就要轟炸日本本土了。在美軍司令部的諮詢會上，美軍司令徵詢意見，日本國土上哪些地方不應當轟炸。中國的代表說，京都和奈良是文化城市，應當保護。於是，美國的炸彈一顆也沒有落入這兩個地區。時至今日，這兩個古老的文明城市還健在。戰爭再慘烈，人類總有敬畏文化的理性與良心在。

（十六）文化的選擇

在西班牙，參觀了鬥牛場。坐在第一排觀賞，所有細節都看得清清楚楚。鬥牛士的匕首插進黑牛的血肉，鮮血如噴泉般射出。鬥牛士把利劍深深插進黑牛的心肺，然後黑牛倒地。看了就明白，西方文化崇尚的是力量。尚武精神不僅彌漫於美國，也彌漫於歐洲。這種鬥牛文化在東方發展不起來，因為東方尚文不尚武，崇尚的不是力量，而是慈悲。中國相信「至柔」可以克服「至剛」。地球上的各種大文化都有長處和短處，不必褒此抑彼，倒是應該取長補短。

（十七）戰爭的勝負

在南美觀賞瑪雅文化和印加文化，這兩個大文明都消失了。西班牙的一千多人把他們從地球上鏟除了。因為西班牙用的是槍炮，而印加瑪雅人用的是石頭與木頭。武器不重要嗎？但歷史證明，先進的武器可以決定戰爭的勝負。勝利總是屬科學技術更為先進的一方。

（十八）統一的行政與文字

瑪雅文化範圍內有一千多個部落，但各自為政，很快就被西班牙的幾個連隊消滅了。他們沒有統一的文字（印加沒有文字，瑪雅有文字，但不統一），瑪雅也沒有統一的度量衡，也沒有統一的行政帝國，結果呢？外來者入侵時，不能相互呼應、相互支援，很快就滅亡了。這樣看來，中國的秦始皇，統一了文字，統一了度量衡，統一了行政，功勞確實很大。

（十九）不知保護精英的部族

參觀了瑪雅一個大部落的酋長墓，知道他們迷信的是太陽神。祭神時酋長殺了自己的五個兒子。至今，五座小墳墓就在酋長大墳墓邊上。瑪雅部族殺掉自己的精英，信奉的是不存在的神明，怎能不滅不亡。

（二十）金錢抓住所有人的神經

不管走到地球的哪一個角落，都發現一個共同點，那就是金錢崇拜。錢能通神、通鬼、通天堂地獄。錢會腐蝕人、腐蝕星球，未來的地球不僅是一部金錢開動的機器，而且是一個金錢統治的帝國。周遊的最後一程我到了南美大國阿根廷和巴西，看到他們真可憐。兩個大國像兩個老妓女，先前的嫖客是殖民者西班牙、葡萄牙，現在的嫖客是美國等，但是他們都走了，因為這裏沒有錢賺，南美只能走向衰落了。

以上二十項收穫是書本上讀不到的，只有在第二課堂裏，即在周遊列國的行程中才能感受到、領悟到。這是刻骨銘心的真知識，也是我拚搏人生中的大收穫。

第二十章

趕快做：二〇一八年的拚搏

二〇一七年與香港科技大學的部分同事與朋友在長女劍梅家裏歡迎李歐梵夫婦的聚會上

二〇一八年，對我來說，是非常艱難、非常危險的一年。三月十五日，我離開香港，飛往溫哥華，然後轉回丹佛。尚未休息過來，我和菲亞及小蓮一家（女婿張立和小孫子松松）又在落地的第五天，啟程到南美旅遊。郵輪在阿根廷的布宜諾斯艾利斯港口等着。在阿根廷陸地上遊覽兩天後，坐了一天郵輪，又到了巴西港口聖保羅，中間，又到了烏拉圭一天。即將結束南美的行程時，我的身體終於撐不住了，在船上發燒，三十八度半。不算高燒，但引起輪船醫務人員的警惕，他們最怕傳染，決定把我隔離起來。聽到「隔離」二字，我立即嚇出一身冷汗，以為要把我關到另一條船上。幸而沒有這麼慘，醫生只是讓我聽話，乖乖地呆在自己的船室裏，不許到船上的公共場合（例如餐廳）接觸他人。在船室裏我待了兩天，菲亞小蓮替我領飯送飯，但我沒有任何食慾，只是做做飲食狀。

熬過兩天後，還好，就在結束海上生活的前一天，我退燒了，醫生通知我自由了。我好像從牢裏被釋放出來一樣走出船室。在巴西參觀兩天後，郵輪最後到達了里約熱內盧。在機場裏，我知道第一站得返回美國的亞特蘭大，需要九個半小時，恐怕受不了，於是，想買商務艙。但機場人員說，我們是臨時購票，每張機票要七千多美元，兩人需要近一萬五千美元。菲亞說，你克服一下困難，把這筆錢省了吧，可以買一輛汽車哩！我也覺得太昂貴，有點心疼，就決定還是坐經濟艙返回科羅拉多。結果在飛機上熬了九個多小時之後，我又覺得身體不舒服了，返回丹佛後就病倒了，牙齒發痛，渾身乏力，就讓小蓮帶我到牙科診所。沒想到，普通牙醫查不出問題。於是小蓮又帶我到專業的口腔開刀牙醫的診所。這個牙醫不錯，但太主觀，他發現我的牙齒發炎，但仍堅持拔牙。拔了之後，傷口受到感染，兩種毒菌（嗜血杆菌和普氏杆菌）入侵我的牙髓，我再次發燒了。醫生立即把我送入醫院，醫院用核磁共振確認我得了下頜骨骨髓炎，需要住院。於是，我住進醫院（三十年頭一次）。經過抗生素輸液治療，兩天後我就出院了。可是醫生說，這種病菌很頑固，還需每天到醫院注射抗生素，一共六個星期。此外，我還需要在家中口服另一種抗生素。就這樣，我和菲亞每天都到醫院注射。幸而菲亞兩年前開刀，手術很成功，此時身體不錯，能帶我到醫院，每次注射完後我都頭暈腦漲，還能讓我扶着她，硬撐着。住院前後的那幾天，我的兩腮紅腫起來，腫得像豬，讓朋友看了都嚇壞了。「怎麼變成這個樣子，面目全非！」正好從北京來看我的好友張宏儒和賈達黎及女兒張曄驚歎了，她們實在沒想到我狼狽至此。我自己也覺得我的生命出現危機，老做夢，甚至做了死亡夢。夢見我到遠方看望已故好友金秋鵬，結果見面時，他狠狠打了我一拳，還說：「這不是你來的地方，滾回去吧！」我委屈地流淚了。菲亞看到我流淚，非常驚訝，問這是怎麼回事，我告訴她來龍去脈，她說：「太危險了。秋鵬是我們最好的兄弟，他覺得現在不是和他見面的時候。」

二〇一八年的上半年，我就在與病魔的搏鬥中度過，處於危險中，也處於拚搏中，那是和毒菌的搏鬥。六月過去了，七月初我結束了注射，開始正常的生活。那時，我深深地歎了一口氣，只覺得浪費了近半年的時間，應把失去的光陰追回來，補回來，於是，從七月八日起，我開始了新的一輪奮鬥。我做了一個計劃：七月，完成《西遊記三百悟》；八月，完成《五史自傳》中的《我的心靈史》；九月完成《五史自傳》中的《我的思想史》的修改；十月，完成《五史自傳》全書；十一月，準備和白先勇的對話；十二月，準備起程到香港。

二〇一八年的下半年，充塞我心靈的只有三個字：趕快做。這三個字，既是我的心態，也是我的狀態。

「趕快做」，本是魯迅晚年（其實是五十歲左右）的自勵。他意識到人生很短，歲月無多，必須抓緊時間「趕快做」！我在二〇一八年，因為大病降臨，突然意識到自己的歲月有限，必須「趕快做」，未做完的事要趕快完成。假設我此次被毒菌打敗了，生命被剝奪了，噩夢中見到的另一個世界的朋友接受我了，那該怎麼辦？那是多麼遺憾啊！那些最重要的事還沒有做完，就這麼走了，對不起社會，也對不起自己。

如今身體恢復了，但我仍然有個死亡的預警。對於自己生命的認識，也深化了，不可太浪漫，要正視「死神」早晚有一天會到來，該做的事情應當「趕快做」。

此時想想，覺得「趕快做」這三個字，不僅是我二〇一八年下半年的狀態，也是我一生的狀態。青壯年歲月被「勞動鍛煉」耽誤了，被十年文化大革命耽誤了。那大好的時光，全都消耗在無價值的政治運動中。為了挽回失去的時光，八十年代我心裏一直跳着「趕快做」這三個字。沒想到，才做了十年事，就辭國逃亡，又是幾年的心神不定。開始第二人生後，好容易才心靜下來，但已接近六十歲了。六十之後，才發現自己確實已走近晚年，此時，才意識到人生太短，時間不夠用。我寫道：多種真理可能都是相對的，但有一真理則是絕對的，這就是「人生太短，時間不夠用」！儘管拚搏，儘管每天黎明即起，起早貪黑，時間還是不夠用。二〇一八年，我已年滿七十七歲，真的時日無多了。即使活到一百歲，也只有二十年可以寫作與工作，精力不足，時間不夠，再強硬也是力不從心。以前常說珍惜這個，珍惜那個，這回才明白，最該珍惜的是時間！抓緊每一分每一秒地寫作吧，每一個字都會比生命更長久，我的《五史自傳》也會比我的生命更長久。真實地寫，絕不欺騙讀者地寫，該說的話就說，不情願說的話就不說。趕快說，趕快做。死了之後，什麼也不會說，什麼也不會做了。抓住活着的瞬間，永恆就在這個還能呼吸的瞬間中。活着多麼好！活着可以書寫，可以表述，可以道破真理。那些指令，那些限制，那些禁錮，那些鬼話，都滾蛋吧！被奴役了那麼久，身上、心上佈滿「精神奴役的創傷」，還帶着這些傷痕去見上帝嗎？不，要死得乾淨一些，輕鬆一些，自由一些。要刷洗人間留給自己的所有創傷，所有病毒，所有遺憾。可是，僅僅刷洗靈魂，就需要多少時間啊！歲月還是不夠用，唯有「趕快做」，唯有繼續拚搏，拚搏到最後一息，才可以快樂地結束人生。

附錄：漫談「拚搏狀態」

《我的拚搏史》，寫的是我的人生的基本狀態。

我敢斷言自己人生的基本狀態是「拚搏」，也就是「積極的」、「奮發的」、「向前的」狀態，無論何時何地，何種情境，我都是如此。在第一人生中，即三十年前，當政府要求人們「千萬不要忘記階級鬥爭」的時候，我私下念念不忘的還是個人的「人生就是拚搏」。出國之後，在第二人生中，雖然喜愛莊禪，喜愛慧能，把什麼都「看破」，然而，「看破」之後還得生活，不能自殺。也就是說，「看破」之後還是得拚搏，「四大皆空」之後還是得腳踏實地，積極向前，因此，寫起《我的拚搏史》便覺得有許多故事可以說，一點也不虛妄。還有，「拚搏」又是我的日常狀態，即每一天的狀態。我的日常狀態是什麼呢？不妨說說。

（一）「黎明即起」

也許因為自己來自鄉村。在中國鄉村時代裏，黎明即起是極為重要的。明末清初理學家朱柏廬所作的《治家格言》，頭四個字，便是「黎明即起」。讀高中時，這四個字便產生無窮無盡的力量。出國後二十七八年，我堅持每天黎明五點鐘時，便起床讀書寫作，決不留戀暖烘烘的被窩。曾國藩的「治家八本」，其中有「治家以不晏起為本」。這又給我極大的鞭策。曾氏把不睡懶覺、不晚起視為家庭興旺的根本。這正是他成功的秘訣。曾國藩在統率湘軍與太平軍作戰的時候，何等繁忙，但還是寫下那麼多日記與家書。靠的是什麼？就靠讓祖逖聞而起舞的五更雞鳴。朱柏盧的「黎明即起」，讓我天天產生力量。黎明就開始寫作，不僅是為了贏得兩個小時的時間，更為重要的是，贏得一種積極的人生狀態。我正是因為數十年如一日地「黎明即起」，所以總覺得眼睛一睜開就進入拚搏狀態。

（二）不輕言「消沉」

我常對朋友們說：對於知識分子而言，沒有什麼比「消極」、「消沉」更容易的了。消極、消沉無須教育，人天生的惰性等弱點就可以導致消沉。消極、消沉乃至懶洋洋的「頹廢」狀態，如同吸了鴉片，那是很過癮、很舒服的狀態，但也是最危險的狀態。英國大哲學家休謨在《人性論》中說，人最可怕的就是懶洋洋的狀態。倘若無事可為，去打打球，游游泳，甚至逛逛街，都比「懶洋洋」的狀態好。也許受休謨哲學的影響，我一直以懶惰為恥，以拚搏取代消沉。因此，在文學批評中，我不抹殺西方王爾德之流的地位與價值，但絕對不會衷心喜愛，更不會把它推薦給中國同胞，尤其是年輕的學子。在文學理念中，我總是堅持「文學還是要給人一點力量為好」。似乎是在唱高調，其實不然。我是覺得人生已有許多重負與苦難，做人不容易，因此，文學作品最好是不要讓人讀後灰心、洩氣，而是讀後讓人補氣，哪怕喘喘氣也好。我讀胡風的文學評論時，發現他不喜歡張天翼、老舍、林語堂等著名作家的作品，也是覺得總是灰溜溜的，提不起精神。

（三）不輕言「絕望」

許多文學作品的深刻性來自作家的對社會人生的「絕望」。龔自珍、魯迅等好作家都有「絕望感」。然而，我從不輕言絕望。寧可相信魯迅的話：「絕望之為虛妄，正與希望相同。」人生之路不可能是筆直的。誰都會遭遇委屈、誤解和種種艱難命運的打擊。但是，寶貴的性格在於不為各種艱難的命運所擊倒。「山重水複疑無路，柳暗花明又一村」，也是教人不要絕望，教人在無路中尋找出新路。

（四）相信人生的兩翼足以對付一切

我曾憾恨自己「身無彩鳳雙飛翼」，但那是從技術層面上感慨的，指的是缺少語言的雙翼，即不懂英文與中國的甲骨文。但就整體人生而言，我覺得人生的飛揚在於「聰明」與「刻苦」這兩翼。僅有聰明和僅有刻苦都難以成功。所以我在論天才的講演中說，對於發明家愛迪生的天才公式（百分之一的天分加上百分之九十九的勤奮），我雖實行，但有保留。我更贊成當代心理學家 Watson（華生）所言，應把愛迪生公式中的加法改為乘法。天分「聰明」的「一」，雖小但很重要，有此「一」的前提，刻苦「三十三」或「九十九」才會顯得不同。如果聰明的前提是「零」，再刻苦也沒用。但聰明為「一」，九分刻苦和九十九分的刻苦，其成果大不相同。所以有了天分之後，更聰明者乃是更拚搏者。

（五）相信快樂在於拚搏過程，不在於拚搏結果

我在七十年代所寫的散文詩《山頂》就如此寫道：

> 我望不見山頂，只知道有山頂；然而，我還是要攀登。
>
> 我望不見山頂，也不知道山頂上有什麼。也許那裏有翩翩的白鶴，有聖潔的雪蓮，有珊瑚枝似的奇麗的花叢，有鵝絨似的柔美的綠茵。也許什麼也沒有，只有山頂，只有光禿禿的山頂，或者只有焦土和死草，只有飄

曳在山頂上的雲霧，甚至只有埋葬在雲霧中的前一代攀登者的屍骨，和陪伴着他們的寒冷而淒涼的風（也許還有蜿蜒的蛇，噴着毒焰，飢餓的鬼，唱着懾魂的歌）。然而，我還是要攀登，還是要帶着少年時代那種自強不息的剛勇和青春的赤誠攀登。我的生命的歡樂的源泉，就在這日日夜夜的攀登旅程中。

「我的生命的歡樂的源泉，就在這日日夜夜的攀登旅程中。」換句話說，我的生命的歡樂，就是日夜拚搏的過程。我喜歡曾國藩所說的「莫問收穫，只問耕耘」，也喜歡愛因斯坦所說的「只追求真理，不佔有真理」。拚搏雖辛苦，但有歡樂，甚至有至樂，其原因，就是有這種拚搏哲學支撐着。